pauker.

Abschluss2014
Hauptschulprüfung Baden-Württemberg

◢ **Name:** Nikolas Waschiza

◢ **Schule:** Erich-Kästner-Werkrealschule

◢ **Klasse:** 9a

hutt lernhilfen

Redaktionsadresse:
Unterhäuser Straße 1 · 70597 Stuttgart
T 0711 767150 · F 0711 7671511
info@pauker.de · www.pauker.de

hutt.lernhilfen ist eine Marke der
Bergmoser + Höller Verlag AG
Karl-Friedrich-Straße 76
52072 Aachen

T 0241 9388810-
F 0241 93888134
kontakt@buhv.de

Umsatzsteuer-Id.Nr.: DE 123600266
Verkehrsnummer: 10508
Handelsregister Aachen B 8580

Vorstand:
Andreas Bergmoser
Peter Tiarks

Aufsichtsratsvorsitz:
Dr. h.c. Karl R. Höller

Autoren:
Karin Haller, Jasmin Johner (Deutsch)
Antje Burger, Gundula Heidenreich, Joachim Krick (Mathematik)
Annika Misch (Englisch)

Lektorat:
Karin Haller, Gundula Heidenreich, Jasmin Johner
Joachim Krick, Claus Keller, Bärbel Otto

Gestaltung: Hanne Hutt

Titel:
Konzeption + Gestaltung – Rania Nabie
Foto – Fotowerkstatt & Galerie Norbert Nieser
Zeichnung – Vera Wagner

© Alle Rechte vorbehalten.
Fotomechanische Wiedergabe nur mit
Genehmigung des Herausgebers.

Ausgabe 2013/2014

ISBN: 978-3-88997-525-6

Inhaltsverzeichnis

Deutsch – Lösungen

Training
Ankreuzaufgaben 6
Äußerungen ergänzen /
Beispiele aus Texten finden 7
Begriffe/Überschriften zuordnen,
Äußerungen erläutern 8
Tabellen vervollständigen 9
Auswerten von Schaubildern,
Grafiken, Bildern 11
Ein Cluster erstellen oder
vervollständigen 12
Texte verfassen 13

Prüfungen
Prüfung 2009 16
Prüfung 2010 18
Prüfung 2011 20
Prüfung 2012 23
Prüfung 2013 26

Die Lösungsvorschläge in den Schreibaufgaben sind als Orientierungshilfen gedacht. Andere Lösungen werden dadurch keineswegs ausgeschlossen.

Mathematik – Lösungen

Training
Leitidee Zahl 31
Leitidee Raum und Form 35
Leitidee Messen 38
Leitidee Daten und Zufall 47
Leitidee Modellieren 51
Leitidee Funktionaler Zusammenhang 57
Hinführung zu den
Wahlaufgaben 62

Prüfungen
Prüfung 2009 – Grundkenntnisse 67
Prüfung 2009 – Wahlaufgaben 70
Prüfung 2010 – Grundkenntnisse 73
Prüfung 2010 – Wahlaufgaben 75
Prüfung 2011 – Grundkenntnisse 78
Prüfung 2011 – Wahlaufgaben 80
Prüfung 2012 – Grundkenntnisse 84
Prüfung 2012 – Wahlaufgaben 87
Prüfung 2013 – Grundkenntnisse 92
Prüfung 2013 – Wahlaufgaben 94
Quickies
(Endergebnisse auf einen Blick) 99

Die Lösungswege in Mathematik orientieren sich am Bildungsplan des Hauptschulbildungsgangs Baden-Württemberg.

Englisch – Lösungen

Training
Hör- und Hör-/Sehverstehen 103
Leseverstehen 103
Schreiben 104

Prüfungen
Prüfung 2009 106
Prüfung 2010 108
Prüfung 2011 111
Prüfung 2012 113
Prüfung 2013 116

Die Lösungsvorschläge im Teil „Schreiben" sind als Orientierungshilfen gedacht. Andere Lösungen werden dadurch keinesfalls ausgeschlossen.

Deutsch-Training

Ankreuzaufgaben

1. a) [x] Hitzewellen, Hochwasser und Starkregen.
   b) [x] Begrünung von Dächern, Renaturierung von Auwäldern und Einsatz von hitzeresistenten Belägen gegen Straßenschäden.
   c) [x] … schlechteres Kosten-Nutzen-Verhältnis auf.

2.
		richtig	falsch
a)	Mobbing kann sich im Extremen zu Straftaten wie Erpressung oder körperlicher Gewalt steigern.	x	
b)	Kritik an anderen zu äußern oder das Austragen eines Streites sollte prinzipiell vermieden werden.		x
c)	Aufgrund der ständigen Demütigungen lassen die Mobbingopfer ihre aufgestauten Gefühle dann häufig wiederum an Schwächeren aus.	x	

3.
a)	Mobbingopfer sind immer selbst an ihrem Schicksal schuld.	
b)	Das Wort Mobbing bedeutet soviel wie „anpöbeln" oder „fertigmachen".	x
c)	Mobben ist für die Täter ein Ventil für ihre Aggressionen.	x
d)	Je länger Mobbing andauert, desto einfacher wird es aus der Situation herauszukommen.	
e)	Mobbing kann bei den Opfern neben seelischen auch zu körperlichen Symptomen führen.	x

4.
1.	**„Aus den letzten Berichten des BBC geht hervor, dass das Schiff beim Verlassen der Crew möglicherweise gekentert ist …"**	
a)	Es wird berichtet, dass das Schiff auf Grund gelaufen ist.	
b)	Es wird berichtet, dass das Schiff umgekippt ist.	x
c)	Es wird berichtet, dass das Schiff auf dem offenen Meer treibt.	
2.	**„… sein Auge soll bei der Havarie 250 km entfernt gewesen sein."**	
a)	Beim sich ereigneten Schiffsunglück war das Auge des Hurricane etwa 250 km entfernt.	x
b)	Beim Verlassen des Schiffes war das Auge des Hurricane etwa 250 km entfernt.	
c)	Beim Absetzen des Notrufs war das Auge des Hurricane etwa 250 km entfernt.	
3.	**„…, es die schwerste See war, in der ich jemals war.'"**	
a)	Noch nie habe ich so hohe Wellen gesehen.	
b)	Noch nie hatte ich so große Angst auf Hoher See.	
c)	Noch nie habe ich das Meer so tobend erlebt.	x

4.	„Dem Kapitän schienen vor dem Auslaufen die Risiken bewusst zu sein."	
a)	Als das Schiff den Treibstoff abließ, wusste der Kapitän bereits, dass das risikoreich war.	
b)	Als das Schiff den Hafen verließ, wusste der Kapitän bereits, dass es risikoreich war.	x
c)	Als das Schiff durch die Pumpen nicht mehr vom Wasser befreit werden konnte, wusste der Kapitän bereits, dass das risikoreich war.	

5. a) ☒ die Umgebung wirft die Wellen zurück.
   b) ☒ Konvergenz.
   c) ☒ Das Gen ist entscheidend zum Hören leiser Töne.

Äußerungen ergänzen / Beispiele aus Texten finden

1. a) Die Studie wurde von der Bundeszentrale für gesundheitliche Aufklärung durchgeführt.
   b) Es wurden 5001 Jugendliche und junge Erwachsene im Alter von 12 bis 25 Jahren für die neue Studie befragt.
   c) Das Praktizieren von Kampftrinken im Monat vor der Befragung wurde von rund einem Sechstel der Befragten zugegeben.
   d) Bei knapp 8 Prozent blieb der Anteil der 12- bis 17-jährigen Jungen, die mindestens viermal im Monat fünf Gläser oder mehr Alkohol zu sich nehmen.

2. a) Die verstärkten Kontrollen gegen das Rausch-Trinken zeigen Wirkung, da der regelmäßige wöchentliche Alkoholkonsum auf den niedrigsten Stand seit 1970 sank.
   b) Obwohl der Alkoholkonsum insgesamt zurückgeht, betrinken sich auch weiterhin viele Jugendliche in Deutschland bis zur Besinnungslosigkeit.

3. a) Der tägliche Morgenappell erfolgt in militärischem Ton, weil das den Zusammenhalt und die Disziplin stärken soll.
   b) Auf dem Stundenplan stehen die Fächer Rechnen, Schreiben, Biologie, Sport, Englisch, Sozialkunde und Computerkunde.

4. ▶ Der Lehrerberuf gehört mit zu den am schlechtesten bezahlten Berufen.
   ▶ Viele haben nebenher noch einen weiteren Job.
   ▶ Man muss zwei Klassen gleichzeitig unterrichten.
   ▶ Es mangelt oft an Unterrichtsmaterialien, daher bleibt bei den Schülern wenig hängen.

Deutsch-Training

5.

Bedeutung Mobbing	Wer mobbt?	Ursachen für Mobbing	Folge bei Opfer
anpöbeln, fertigmachen	meist Mitschüler	Opfer weist irgendeine Besonderheit, Schwäche oder ein Handicap auf	Stress, Konzentrationsfähigkeit und Gedächtnis lassen nach, schulische Leistungen fallen ab, Schlafstörungen, Kopfschmerzen, Magenschmerzen, Schweißausbrüche, Übelkeit, Verschlossenheit, Angst und Depressionen, Wut und Hassgefühle
	Lehrer können auch zu Mobbern werden	Täter wollen sich hervortun, besonders cool sein, als unerschrocken gelten, brauchen Ventil für ihre Aggressionen	Opfer werden selbst zu Tätern, Amoklauf

Begriffe/Überschriften zuordnen, Äußerungen erläutern

1. Text A: Der Hausmeister
Text B: Der Stundenplaner
Text C: Der Busfahrer
Text D: Die Sekretärinnen
Text E: Der Lehrer

2. Seebeben als Auslöser (1)
Erschütterung setzt sich im Meer fort (2)
Flacher Uferbereich bremst ab (3)
Bis zu 30-Meter-Welle bricht an der Küste (4)

3. 1. Abschnitt: Nervenzusammenbruch für die Karriere
2. Abschnitt: Ohne nackte Haut geht gar nichts
3. Abschnitt: Leben ohne Trouble

4. a) „*Niemand kümmert sich um deine Psyche."*
Sie will damit ausdrücken, dass man zu funktionieren hat und es dabei unwichtig ist, wie man sich dabei fühlt. Die Erledigung des Jobs steht im Vordergrund und nicht ob oder wie sehr den Einzelnen die Situation belastet.

„*Das war nicht ich."*
Diese Aussage verdeutlicht, dass sie wie ferngesteuert funktioniert hat. Sie hat alle Gefühle oder Ängste ausgeblendet und einfach agiert.

b) „*Wenn Du es nicht machst, buchen wir dich nie wieder."*
Dieser Satz zeigt, welche Macht Auftraggeber über ein junges Model haben. Tatsächlich ist es schon eine Art Erpressung, so etwas zu sagen. Leider wissen die Auftraggeber ganz genau, wie begehrt die Jobs in der Modelbranche sind und dass, wenn es die eine nicht macht, es eben eine andere tut. Diesen Druck, dem Models ständig ausgesetzt sind, können viele nicht dauerhaft aushalten und greifen zu Alkohol oder Drogen, um die Situation besser ertragen zu können. Man muss schon eine sehr starke Persönlichkeit haben, wenn man langfristig in der Modewelt bestehen und sich behaupten will. Aber gerade junge Mädchen lassen sich schnell einschüchtern und machen dadurch vielleicht Dinge, die sie später bereuen.

Tabellen vervollständigen

1.

	HIV/Aids	**Ebola**	**Lassa**
Infektionswege	Geschlechtsverkehr, Blut	Noch ziemlich unerforscht, Ansteckung bei wildlebenden Tieren, von Mensch zu Mensch durch Körperflüssigkeiten, unhygienische Umgebung	Überträger ist der Urin einer infizierten Vielzitzenratte, sie lebt in enger Gemeinschaft mit den Menschen. Urin kommt in Kontakt mit Betten, Böden oder Lebensmitteln.
Krankheitsverlauf	Das Immunsystem ist geschwächt, Folge sind Infektionskrankheiten oder Tumore.	Hohes Fieber, Durchfall und Erbrechen, innere Blutungen	Angina, Erbrechen, Bauchschmerzen, Husten, Ödeme, Blutungen und Schock
Heilungschancen	Keine, manche leben über 10 Jahre mit HIV, andere sterben innerhalb weniger Jahre.	Kein Impfstoff oder heilende Therapien, bei den meisten rascher Tod	Von 100 000 – 300 000 Erkrankten jährlich sterben etwa 1 – 2%, d. h. der Großteil überlebt die Infektion.

Deutsch-Training

2.

	Text A	Text B	Text C	Text D	Text E
a)					x
b)	x				
c)			x		
d)				x	
e)		x			

3.

Umweltzerstörung	Beispiele aus dem Text
Wasser	bedrohte Frischwasserreserven, übernutzte und verschmutzte Weltmeere
Klima	heizt sich auf
Pflanzen	Vernichtung der letzten Primärwälder, schwer abbaubare toxische Chemikalien, Böden erodieren
Tiere	Verschwinden der Artenvielfalt

4.

Konflikt	Eltern	Kinder
Ausgehen	machen sich Sorgen	wollen mehr Freiheit
Verbote	wollen dadurch gewisse Kontrolle behalten, eventuell beschützen	fühlen sich ungerecht behandelt, eingeschränkt
Bezugsperson	fühlen sich zurückgesetzt, unwichtig	wollen Eltern nicht mehr alles erzählen, Freunde ersetzen den „Zuhörer Eltern"
Zeit miteinander	möchten am Leben ihrer Kinder teilhaben, fühlen sich außen vor gelassen	wollen ihren eigenen Weg gehen, Eltern stören dabei
Schule	finden sie sehr wichtig, fordern mehr Einsatz	empfinden sie oft als notwendiges Übel, langweilt total
Freunde	halten sie nicht für den richtigen Umgang	möchten selbst entscheiden, mit wem sie Zeit verbringen

Auswerten von Schaubildern, Grafiken, Bildern

1. **Freizeitgestaltung**
   a) Jungs treiben häufiger Sport in ihrer Freizeit als Mädchen, wohingegen das Malen und Basteln deutlich eine Freizeitgestaltung der Mädchen ist. Ich denke das liegt daran, dass sich Jungs gerne auspowern, um ihre Energie abzubauen. Mädchen hingegen suchen ihren Ausgleich in ruhigeren und kreativen Tätigkeiten.
   b) Beispiele, wann Freundschaft wichtig ist:
      ▶ wenn es einem schlecht geht → Trost spenden
      ▶ tolle Ereignisse mit jemandem teilen können
      ▶ Rat bei schwierigen Entscheidungen
      ▶ Unterstützung bei Projekten o. Ä.

2. **Gerätebesitz unter Jugendlichen 2012**
   a) 100 Prozent aller Haushalte sind inzwischen mit einem Computer/Laptop ausgestattet. Aber auch Handy, Fernseher und Internetzugang sind nahezu überall vorhanden. Gerade mal 2 Prozent können nichts dergleichen aufweisen. Das zeigt deutlich, dass die Ausstattung mit technischen Geräten sehr gut ist und fast flächendeckend.
   b) Es zeichnet sich deutlich der Vormarsch des Smartphones ab, welches auf lange Sicht sicher das klassische Handy ablösen wird. Im Vergleich zu 2011 hat es um 20 Prozentpunkte zugenommen. Auch der Tablet-PC erfreut sich großer Beliebtheit. Klein, leicht und praktisch, kann er überall mitgenommen werden. Er hat um 9 Prozentpunkte zugelegt. Damit lässt sich ein klarer Trend zum mobilen Internet und zur schnellen Verfügbarkeit von Daten erkennen. Das liegt sicher auch daran, dass die Welt immer besser vernetzt ist, man zu jeder Zeit und an jedem Ort erreichbar sein möchte. Nicht nur im Geschäftsleben, sondern auch privat wird immer mehr Wert auf eine dauerhafte und vor allem schnelle Kommunikation gelegt.

3. a) Ein besonders hoher Mangel besteht in Asien und dort vor allem in den ländlichen Gebieten.
   b) Es fällt auf, dass, egal ob in Lateinamerika, Afrika, Asien oder Osteuropa, sauberes Wasser auf dem Land immer seltener vorhanden ist als in städtischen Bereichen.

4. Wenn Jugendliche zu vielen Reizen gleichzeitig ausgesetzt sind, zum Beispiel Musik hören, im Internet surfen, Fernschauen und gleichzeitig Hausaufgaben machen, kann das zu einer Reizüberflutung führen. Das heißt, dass der Mensch mit den auf ihn einwirkenden Reizen überfordert ist und somit keinen mehr bewusst wahrnimmt. Oftmals wird von einem erwartet, dass man möglichst viel auf einmal machen soll. Wir leben in einer schnelllebigen Welt, in der Zeit wahrer Luxus ist.

5. Die Person wirkt verzweifelt und niedergeschlagen. Sie hat den Kopf in die Hände gestützt und sitzt vornübergebeugt da. Das Umfeld sieht nach einer Gefängniszelle aus, was den bedrückenden Eindruck noch verstärkt.

Deutsch-Training

6. Ein Erdbeben verbreitet Angst und zerstört nicht selten ganze Regionen. Häuser stürzen ein, und Menschen werden unter Trümmern begraben. Oft werden viele Menschen getötet. Versorgungsanlagen für Wasser, Strom oder Kanalisation sind danach häufig außer Kraft gesetzt. Die Überlebenden sind meistens auf Hilfe von anderen angewiesen. Die Auswirkungen eines starken Bebens können noch Jahre andauern. Denn bis die Natur sich erholt hat und Häuser, Straßen, Brücken usw. wieder aufgebaut sind, dauert es sehr lange.

Ein Cluster erstellen oder vervollständigen

1.

Michael Jackson
- Neverland-Ranch
- Poplegende
- abgemagert
- schwieriges Vater-Sohn-Verhältnis
- hat Kinder
- früher Tod
- geänderte Hautfarbe
- viele Schönheits-OPs
- mehrere Prozesse wegen angeblichen Missbrauchs von Kindern

2.

Umweltzerstörung
- Gletscher schmelzen
- Chemikalien verunreinigen Böden etc.
- Klimaerwärmung
- Umweltgifte verursachen Krankheiten
- Ozonloch wächst
- Verschmutzung von Gewässern
- immer höhere CO_2-Belastung
- Überfischung der Meere
- Rodung des Regenwaldes
- Tierarten sterben aus

3.

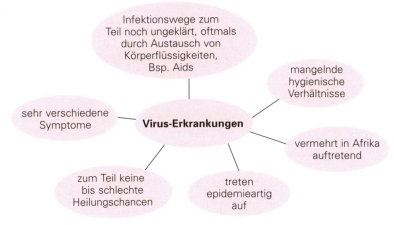

4.

Texte verfassen

1. Gewalt ist keine Lösung

Gewalt hat viele Facetten. Eine allgemeingültige Definition gibt es nicht. Denn das Mobbing in der Schule, die bösen Worte gegen die kleine Schwester, das Bloßstellen im Internet oder die Schlägerei vor der Diskothek – all das sind Formen der Gewalt. Leider werden oft nicht alle Formen beachtet. Die meisten setzen Gewalt gleich mit einem körperlichen Angriff. Unser Projekt soll deshalb das Bewusstsein schärfen, dass wir häufiger mit Gewalt konfrontiert sind, als es uns bewusst ist.

Es stellt sich nun die Frage, warum es überhaupt zum Einsatz von Gewalt kommt. Auch hier gibt es wohl eine Vielzahl von Gründen. Wer zu Hause verbale oder auch körperliche Gewalt erfahren hat, gibt diese oft nach außen weiter. Aber auch ein traumatisches Erlebnis löst Gewalthandlungen aus. Zudem ist der Machtfaktor nicht zu unterschätzen. Gegenüber

Deutsch-Training

jemand Schwächerem seine Stärke zu demonstrieren, lässt einen selbst stärker erscheinen. Der Stärkere zu sein, vermittelt immer das bessere Gefühl. Man kommt sich selbst dadurch wichtiger vor. Diese Position wird oftmals durch die Ausübung von Gewalt erreicht. Dabei ist es egal, ob jemand durch Worte oder Ausgrenzung gemobbt oder durch Ausübung von körperlicher Gewalt unterdrückt wird. Beide Formen führen zu einer Täter-Opfer-Situation, die einerseits auf Überlegenheit und andererseits auf Angst beruht. Das Ganze ist dann eine Spirale. Das Opfer wehrt sich aus zunehmender Angst immer weniger, der Täter gewinnt dadurch immer mehr an Macht.

Ein weiterer Grund für Gewalt ist sicherlich auch ein Übermaß an Alkohol. Denn Alkoholkonsum setzt die Hemmschwelle herab. Dieses Phänomen ist zum Beispiel in einem Bierzelt zu beobachten. Je betrunkener die Menschen werden, desto leichter sind sie reizbar und vor allem schneller bereit, zuzuschlagen. Auch Frust oder Resignation in Bezug auf die eigene Situation kann zu einer erhöhten Gewaltbereitschaft führen. So zum Beispiel lange Arbeitslosigkeit, das Gefühl, keinen Platz in der Gesellschaft zu haben oder ungerecht behandelt zu werden.

Klar ist, dass, egal welche Form der Gewalt vorliegt, etwas dagegen getan werden muss. Eine Möglichkeit ist zum Beispiel gezieltes Lehrertraining, damit Mobbing schnell erkannt und unterbunden werden kann. Auch Anti-Gewalt-Therapien helfen, bei denen man lernt, seinen Frust auf andere Weise loszuwerden, zum Beispiel beim Sport.

Es gibt jede Menge Beratungsstellen, die helfen können. Werdet deshalb aktiv und sucht euch Hilfe. Gewalt ist nämlich keine Lösung.

2. **Ganztagsschulen auf dem Vormarsch**

Wenn Leon aus der Schule nach Hause kommt, ist keiner da, der auf ihn wartet oder etwas für ihn gekocht hat. Müde wirft er seinen Ranzen in die Ecke und schiebt sich eine Fertigpizza in den Ofen. Zum Erledigen seiner Hausaufgaben fehlt ihm die Lust, außerdem versteht er die Hälfte sowieso nicht.

So oder zumindest so ähnlich, sieht es wohl in vielen Familien aus. Die Eltern arbeiten, und die Kinder müssen alleine klarkommen. Daher wäre es gut, wenn sich endlich das Modell der Ganztagsschule flächendeckend durchsetzen würde. Eine Ganztagsschule hat viele Vorteile. Die große Zahl an Schulstunden könnte über einen viel größeren Zeitraum verteilt werden, was das Lernen entspannter machen würde. Darüber hinaus ist in einer Ganztagesbetreuung auch immer ein Lehrer da, den man um Rat fragen kann, wenn man bei den Hausaufgaben oder der Vorbereitung auf eine Klassenarbeit nicht weiterkommt.

Die angebotenen Freizeitaktivitäten bilden zudem einen tollen Ausgleich zum Unterricht. Auch die Gemeinschaft einer Klasse oder sogar einer ganzen Schule wird durch das gemeinsame Lernen, Essen und Gestalten der Freizeit gestärkt. Keiner müsste mehr wie Leon ohne eine vernünftige Mahlzeit auskommen, denn zum Angebot einer Ganztagsschule gehört meistens auch eine Mensa. Dort können die Schüler gemeinsam essen.

Deshalb sollten wir uns alle dafür einsetzen, dass das Projekt Ganztagsschule weiter vorangetrieben wird und auch der Politik klar wird, dass es nicht nur für uns Schüler eine Bereicherung wäre, sondern auch für die Eltern. Denn diese können dann sicher sein, dass ihre Kinder gut aufgehoben sind.

3. **Alkohol ist nicht zu unterschätzen**

Bei vielen ist noch die Vorstellung verhaftet: ein, zwei Bier, das macht doch nichts. Nur leider sieht die traurige Wahrheit heute oft ganz anders aus. Statt legal mit 16 Jahren sein erstes Bier zu kaufen, trinken bereits Kinder fast bis zur Besinnungslosigkeit. „Komasaufen" wird das dann genannt. Auf kam dieser neue „Trend" bei den sogenannten „Flatrate-Partys". Das sind Veranstaltungen, bei denen ein Fixbetrag gezahlt wird und man dann so viel trinken kann, wie man will oder eben kann. Ein erster Lösungsversuch der Problematik wurde mit dem Verbot der Partys unternommen. Aber auch das Verkaufsverbot an Tankstellen nach einer bestimmten Uhrzeit soll verhindern, dass die Jugendlichen bereits vor dem Discobesuch eine Menge getrunken haben. „Vorglühen" nennen sie das. Langfristig werden aber sicherlich nicht Verbote oder Gesetze über einen vernünftigen Alkoholkonsum entscheiden, sondern nur gezielte Aufklärung sowie die Schaffung eines Bewusstseins für den richtigen Umgang damit. Diese Aufklärung muss frühzeitig geschehen. Vielleicht könnten ehemalige Alkoholiker in die Schulen kommen und von ihrer Sucht erzählen und vor allem davon, wie schnell man in eine solche abrutschen kann. Ähnliche Programme gibt es ja schon mit HIV-Infizierten oder ehemaligen Junkies. Nur wer über Risiken und Folgen von übermäßigem Alkoholkonsum Bescheid weiß, kann gewissenhaft mit diesem Genussmittel umgehen.

Deutsch-Prüfung 2009

Bau und Fall der Berliner Mauer

1. ☒ Die Straßen und die Bahnlinien endeten an der Mauer.

2. Die Menschen stehen an der neu erbauten Mauer und fühlen sich machtlos, weil sie vom anderen Teil der Stadt abgeschnitten sind. Sie empfinden tiefe Traurigkeit, denn sie können nun ihre Verwandten nicht mehr treffen oder ihrer Arbeit nicht mehr nachgehen.

3. Nach 28 Jahren haben die Menschen ihre Freiheit zurückerhalten. Sie können es kaum fassen und feiern ein ausgelassenes Freudenfest.

4. a) ☒ eine Mitteilung.
   b) ☒ DDR zur BRD geöffnet werden.

5. a) ☒ das Lokal für sie und andere Menschen eine große Bedeutung hatte.
   b) ☒ die Mauer wieder abgebaut würde.

6.

7. a) Menschen, die ein Schlauchboot besaßen, waren verdächtig, weil sie einen Fluchtversuch über die Ostsee geplant haben könnten.
   b) Das Toilettenpapier des Pärchens wurde kontrolliert, weil sie mit ihren langen Haaren und Flickenjeans verdächtig aussahen. Vielleicht wurde vermutet, dass sich auf dem Toilettenpapier geheime Botschaften oder Informationen befanden.

8. ▶ Bürger wurden ständig kontrolliert und überwacht.
   ▶ Der Staat befand sich in ständiger Angst, dass Bürger flüchten könnten.
   ▶ Menschen, die anders aussahen, wurden schikaniert und besonders kontrolliert.
   ▶ Es herrschte ein Klima der Angst vor Bespitzelung und Mithörern. Fremden wurde mit Misstrauen begegnet.

9. Mauerbau und Mauerfall

Die jüngste deutsche Geschichte ist von zwei großen Ereignissen geprägt. Das erste ist die Errichtung von Stacheldrahtzäunen und dem anschließenden Bau einer zwei Meter hohen Mauer entlang der sowjetischen Sektorengrenze am 13. August 1961. Damit schneidet die DDR ihren Bürgern schlagartig jegliche Verbindung in den Westen Deutschlands ab. Verwandte und Freunde können nicht mehr besucht, die Arbeitsstelle im Westen nicht mehr ausgeübt werden. Hilflos können sich die Menschen nur noch Blicke über die Mauer hinweg zuwerfen. Und es beginnt für die Bürger in der DDR ein Leben, das vom Staat komplett gelenkt und überwacht wird. Keiner getraut sich mehr zu sagen, was er denkt. Jeder Fremde könnte einen bespitzeln, d.h. es bildet sich ein Klima voller Misstrauen und Lügen. Jeder, der ein bisschen anders aussieht, wirkt verdächtig. Selbst im Urlaub an der Ostsee ist die Überwachung perfekt, denn der Staat lebt ständig in der Angst, dass Bürger flüchten könnten.

Doch dann passiert das zweite Ereignis – genauso unglaublich wie das erste. Die meisten Menschen halten es gar nicht für möglich, glauben eher, dass sie wohl träumen! Am 9. November 1989 teilt Günter Schabowski, ein Mitglied der SED, bei einer Pressekonferenz fast beiläufig mit, dass sämtliche Grenzübergänge zwischen BRD und DDR geöffnet werden und für alle freie Ausreise möglich sei. Wie ein Lauffeuer verbreitet sich diese Nachricht und die Menschen eilen zu den geöffneten Grenzstellen. Die Grenztruppen arbeiten die ganze Nacht, um die Zäune und die Mauer abzubrechen. Die Menschen sind sehr gerührt, fallen in einen Freudentaumel und feiern die ganze Nacht.

Nach 28 Jahren sind die Bürger in der DDR wieder frei, werden nicht mehr von Grenzpolizisten mit Maschinengewehren bewacht. Sie hoffen, dass sie jetzt wie ihre Landsleute im Westen ihre Meinung frei äußern, sich im ganzen Land frei bewegen dürfen. Der Wunsch, endlich in den Urlaub zu fahren, wohin man will, ist weit verbreitet. Und sie wünschen sich auch bessere Lebensbedingungen, dass sie sich so viel leisten können, wie das die Bürger im Westen bereits gewohnt sind. Aber dieser Glücksfall der Wiedervereinigung birgt für die Menschen in Ost wie in West auch viele Herausforderungen, die sie gemeinsam meistern müssen.

Deutsch-Prüfung 2010

Lebensmittel – regional oder global?

1. ☒ üppig
   ☒ exotisch

2.

Sinnesorgan	Beispiele im Text
Ohr	das internationale Stimmengewirr – Die Händler beraten ihre Kunden …
Nase	Vielfalt der Aromen – der Duft von exotischen Gewürzen
Zunge	bieten Kostproben an

3. „… führen zu absurden Produktionsabläufen": Es ist total unsinnig, dass Krabben, die in der Nordsee gefangen werden, zum Pulen nach Marokko transportiert werden, nur weil dort die Arbeitskräfte so billig sind. Anschließend kommen sie mit dem Lkw wieder nach Deutschland und werden dort an Supermärkte geliefert.

   „… ein zu vernachlässigender Faktor": Die Benzinkosten für Lkws, die den Warentransport auf Europas Straßen leisten, machen beim Preis für die Waren nur einen ganz geringen Anteil aus.

   „… eine ungebremste Transportlawine": Immer mehr Waren werden auf Deutschlands und Europas Straße umhergefahren. Und man bekommt immer mehr Waren aus allen möglichen Ländern der Erde angeboten, die alle einen weiten Transportweg hinter sich haben.

4.

5. a) Der Käufer entscheidet sich für die Produkte, die in der jetzigen Jahreszeit bei uns gerade geerntet werden, z.B. kauft er keine Erdbeeren oder Kirschen an Weihnachten.
   b) Der Käufer beachtet auf den Preisschildern den Hinweis auf das Land, aus dem die Ware stammt. Er bevorzugt Produkte aus der Region.

6. Im Juni kommen in meinen Eintopf: Kartoffeln, Kohlrabi, Möhren und Bohnen.

7. a) Man sollte Obst und Gemüse kaufen, das „nebenan" produziert wurde,
   ... weil kein unsinniger Transportweg anfällt.
   ... weil unsere Umwelt nicht mit den schädlichen Treibhausgasen belastet wird.
   ... weil durch die Produktion in der Umgebung auch Arbeitsplätze geschaffen werden.
   ... weil man weiß, woher die Ware kommt, und man eher auf die Qualität vertrauen kann.

   b) Nicht immer möchte man nur Produkte aus der Region kaufen,
   ... weil man an Feiertagen oder für eingeladenen Besuch auch mal etwas Besonderes möchte.
   ... weil man für manche Kochrezepte besondere Zutaten braucht, z.B. ein spezielles Gewürz.
   ... weil auch exotisches Obst oder Gemüse wertvoll für die Gesundheit ist, und man sich vielseitig ernähren möchte.

8. **Total regional**
   Liebe Kundinnen und Kunden,

   ärgert Sie auch der Lastwagenverkehr, wenn Sie kaum über die Straße kommen? Wissen Sie wirklich, was mit den Äpfeln aus fernen Ländern bei ihrem Heranwachsen und ihrem Transport alles passiert ist? Diese Fragen haben wir uns auch gestellt und herausgefunden:
   Waren werden heute über Tausende von Kilometern durch Europa gefahren, weil sich der Benzinpreis kaum auf den Preis der Produkte auswirkt. Aber unsere Umwelt und unser Klima werden durch den Schadstoffausstoß der Lkws schwer geschädigt.
   Und nur, damit wir massenweise billiges Obst und Gemüse anbieten können, wird dieses im Süden Spaniens unter riesigen Plastikfolien erzeugt. In dem warmen Klima kann man in einem Jahr bis zu fünfmal ernten. Aber dazu werden Billigarbeiter aus Marokko mit viel zu niedrigen Löhnen ausgebeutet. Auf die Natur und die Gesundheit der Verbraucher wird keine Rücksicht genommen, denn es werden bedenkenlos Pestizide eingesetzt.
   Darum haben wir uns entschieden, vermehrt Produkte aus Ihrer eigenen Umgebung anzubieten. So werden unnötig lange Transportwege eingespart. Obst und Gemüse müssen auch nicht die langen Fahrten überstehen, sondern landen bei Ihnen erntefrisch auf dem Tisch. Wir erhalten die Arbeitsplätze der Obst- und Gemüsebauern in unserer Region. Und für Sie ist es viel leichter, zu erfahren, von welchem Bauernhof Ihr Essen kommt. Wenn Sie wollen, können Sie sogar mal einen Sonntagsausflug dorthin machen und sich von der Qualität der Produkte vor Ort überzeugen.
   Und wenn Sie unser Umdenken auch mit unterstützen wollen, können Sie das ganz einfach tun: Kaufen Sie Obst und Gemüse in der Jahreszeit ein, in der es bei uns im Freiland reif wird. Sie werden dafür belohnt mit dem unvergleichlichen Geschmack von Früchten, die in Wind, Sonne und Regen herangewachsen sind. Und der Genuss ist viel größer, wenn man die Erdbeeren zu ihrer Zeit isst, und mit Geduld bis zur nächsten Saison wartet.
   Ihr Team des Maxikaufs

Deutsch-Prüfung 2011

Ferienland Baden-Württemberg – die Schwäbische Alb

1.

1.	„… zischte vor Millionen von Jahren glühendes Gestein zum Himmel, …"	
a)	Vor Millionen Jahren regnete es Steine vom Himmel.	
b)	Vor Millionen Jahren wurden Felsen hoch in die Luft geschleudert.	
c)	Vor Millionen Jahren brachen Vulkane aus.	x
d)	Vor Millionen Jahren gab es Sternschnuppen am Himmel.	
2.	„Entdecken Sie eine lebendige Region in prachtvoller Naturkulisse."	
a)	Entdecken Sie eine lebendige Gegend, in der vor fantastischer Kulisse Theater gespielt wird.	
b)	Entdecken Sie eine lebendige Gegend in wunderschöner Landschaft.	x
c)	Entdecken Sie eine lebendige Gegend wie in einem Theater.	
d)	Entdecken Sie eine lebendige Gegend wie auf einer Bühne.	
3.	„Beobachten Sie die Eleganz des Wanderfalken bei der Jagd, …"	
a)	Beobachten Sie die Schönheit der Bewegung eines Greifvogels.	x
b)	Beobachten Sie die Schönheit eines wandernden Vogels.	
c)	Beobachten Sie die anmutige Bewegung eines Wanderers.	
d)	Beobachten Sie die schnellen Flügelschläge eines Vogels.	
4.	„Sie ragen majestätisch in die Höhe …"	
a)	Sie ragen hoheitsvoll in die Höhe …	x
b)	Sie ragen einsam in die Höhe …	
c)	Sie ragen überraschend in die Höhe …	
d)	Sie ragen weit in die Höhe …	

2. Folgende Hindernisse können die Kanufahrt beeinträchtigen: hoher Wasserstand, Stromschnellen, Stufen, niedrige Brücken oder Mittelpfeiler, Büsche und Bäume, Wasserwirbel

3. …, weil nur eine bestimmte Anzahl Boote auf dem Flüsschen unterwegs sein kann.
…, weil die Bootsfahrt für Unsportliche und Ängstliche nicht lustig und leicht ist und diese stattdessen auf dem Fahrrad die Fahrt durch das Tal ungetrübt genießen können.

4. Die Schwäbische Alb stellt an Mountainbiker erhebliche sportliche Anforderungen. Man kann bei Fahrradtouren aber auch die vielfältige Landschaft, Sehenswürdigkeiten und typische Orte genießen. Radservice- oder Bahnstationen erleichtern die Organisation von Fahrradtouren. Mit Übernachtungs- und traditionellen Einkehrmöglichkeiten ist für das leibliche Wohl gesorgt.

Deutsch-Prüfung 2011

5.

Sicherheit im Kletterteam	Ausrüstung des Kletterers	Sicherheitsvorrichtungen auf den Routen	Routenplanung
Seilkommandos durchsprechen	Helm gegen Steinschlag	Bohrhaken	weniger begangene Strecken sind empfehlenswert
kurze Befehle vereinbaren	Gurt mit Sicherungshaken	Haltegriffe	passende Route auswählen nach eigener Kondition

6. + 7.

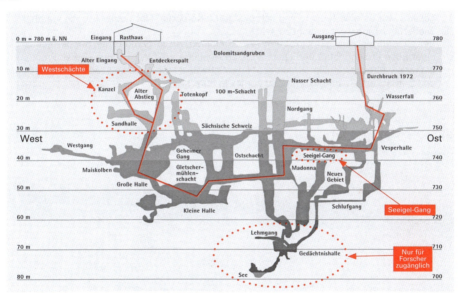

8. **Unser Trip auf die Schwäbische Alb**

Dieses Jahr wollten wir unseren Ausflug ganz in unserer Nähe verbringen: auf der Schwäbischen Alb. Vor Millionen Jahren ist diese besondere Landschaft aus dem Jurameer entstanden – das sieht man heute an den typischen hoch aufragenden Kalkfelsen. Außerdem gehörte dieses Gebiet zu den vulkanreichsten Gegenden der Erde.

Übrigens, wir sind eine Jugendgruppe des Handballvereins hier am Ort. Weil wir alle sehr sportlich sind, wollten wir alle Ziele mit unseren Mountainbikes anfahren. Das ist auch gar kein Problem, weil es überall Radservice- oder Bahnstationen gibt. Und damit man auch schön bei Kräften bleibt, findet man überall leicht Übernachtungs- und Einkehrmöglichkeiten. Nach kräftigem Treten in die Pedale schmeckt die übliche Hausmannskost besonders gut.

Deutsch-Prüfung 2011

Als erstes Erlebnis wollten wir uns die Kanufahrt in einem kleinen Flusstal nicht nehmen lassen. Auch wenn das Flüsschen gar nicht so breit ist, so hat es doch seine Tücken. Sitzt man im Kanu, treibt man immer wieder auf die Ufer zu, und man muss schon kräftig paddeln, um immer in der Flussmitte zu bleiben. Wegen überragender Büsche oder allzu niedriger Brücken muss man sich häufig ducken. Leicht kann so ein Kanu in den Stromschnellen kentern. Dann ist das eiskalte Wasser ein Schock! Aber uns hat dieses Abenteuer richtig Spaß gemacht!
Man glaubt gar nicht, welch unterschiedliche Möglichkeiten die Schwäbische Alb bietet. Nicht weniger aufregend war das Klettern im Donautal. Wir erlernten zuerst eine einfache Befehlssprache zur Verständigung während der Tour. Gerüstet mit Helm gegen Steinschlag und Gurt samt Sicherungshaken starteten wir. Alle hatten hinterher zittrige Knie, waren aber mächtig stolz auf ihre Leistung.
Schließlich wollten wir noch eine Besonderheit der Schwäbischen Alb kennenlernen. Hier gibt es nämlich unzählige Höhlensysteme. Wir bekamen bei unserer Begehung der vielen Gänge der Tiefenhöhle interessante Informationen über Tropfsteine und die Sinterbildung, aber insgesamt war es eine feuchte und schmierige Kletterpartie. Nach einer Stunde waren wir froh, wieder ans Tageslicht gelangt zu sein.
Bei unserem letzten gemeinsamen Abend stellten wir in gemütlicher Runde fest, dass das einer unserer schönsten und spannendsten Ausflüge war. Wir können dieses Programm nur bestens weiterempfehlen: Ihr findet auf der Schwäbischen Alb eine Landschaft zum Genießen und Entdecken. Gestärkt kommt ihr zurück in euren Alltag!

Deutsch-Prüfung 2012

Gemeinsam ist mehr möglich – Das Ehrenamt

1.

a)	Freiwillige Helfer werden persönlich begrüßt.	
b)	Menschen, die ehrenamtlich tätig sind, müssen mindestens 14 sein.	
c)	Ohne zusätzliche Hilfe können viele Arbeiten, z. B. im Naturschutz nicht geleistet werden.	x
d)	Nur die Helfer haben einen Vorteil von den ehrenamtlichen Aktivitäten.	
e)	Menschen, die ehrenamtlich tätig sind, erhalten keinen Lohn.	x
f)	Das Ehrenamt kann von allen Menschen ausgeübt werden.	x
g)	Vom sozialen Ehrenamt haben nur diejenigen etwas, denen geholfen wird.	
h)	Ohne freiwilliges Engagement wäre unsere Gesellschaft ärmer.	x

2. Cacau hilft, weil
   a) kein Mensch die Augen verschließen sollte vor den Problemen in seiner Umgebung.
   b) anderen zu helfen ihm selbst große Freude bereitet. Außerdem kann er so seine Dankbarkeit für sein Leben ausdrücken.

3. a) „Wir sind ein Verein, in dem alle Beteiligten, also Menschen mit und Menschen ohne Behinderung, viel dafür tun, die Freizeit gemeinsam zu gestalten."
und
„So haben wir beispielsweise einen Dienst, der einen gemeinsamen Einkaufsvormittag organisiert. Außerdem unterstützen wir unsere Mitglieder bei Behördengängen. Das gibt den Menschen mit Behinderung Selbstbewusstsein …"
   b) „In der 7. Klasse absolvierte ich ein Praktikum in einer Werkstatt für Menschen mit Behinderung."
   c) „Im Laufe der Zeit habe ich gemerkt, dass dies genau der Bereich ist, in dem ich meine berufliche Zukunft sehe. Im September beginne ich meine Ausbildung …"

4. a) Bei der Jugendfeuerwehr lernt man, in Windeseile
   ▶ Schläuche anzuschließen,
   ▶ die Schutzkleidung überzuziehen und
   ▶ Verschüttete zu bergen.
   b) Darüber hinaus wird angestrebt,
   ▶ dass „auch das Gemeinschaftsgefühl gestärkt wird",
   ▶ dass die Jugendlichen wissen, „dass sie eine Aufgabe erfüllen können und etwas geschafft haben",
   ▶ und dass „es Spaß [macht], im Team zu arbeiten".

Deutsch-Prüfung 2012

5.

Wert	Beispiel
Zuverlässigkeit	Jannis und Tinka: einmal pro Woche Besuch von alten Menschen, gemeinsames Kuchenessen oder Spaziergänge
Hilfsbereitschaft	Schüler fertigen spezielle Würfelspiele für Senioren, überbringen diese einer Senioreneinrichtung
Anteilnahme	selbstverständlicher Umgang mit Senioren, sogar Freundschaften zwischen Schülern und Senioren

6.

		richtig	falsch
a)	Alte Menschen leiden unter dem Verlust von gleichaltrigen Angehörigen.	x	
b)	Familien können die Pflege ihrer älteren Angehörigen oft nicht leisten.	x	
c)	Die Wahrnehmung und Motorik der Menschen lässt im Alter nach.		x

7.

	Text	1	2	3	4	5	6
Jochen	C				x	x	x
Dennis	D			x			x
Jannis	E	x	x				

8. **Vortrag zu ehrenamtlichem Engagement**

Hallo,
ich bin Mitglied des Jugendgemeinderats und möchte euch heute über ehrenamtliches Engagement informieren. Habt ihr schon einmal daran gedacht, einem Verein oder Ähnlichem beizutreten, der sich um irgendetwas Bestimmtes kümmern möchte? Wo es nicht nur um die eigene Freizeit, sondern auch um die Probleme von anderen geht? An meiner Stelle zum Beispiel möchte ich mich dafür einsetzen, dass die zuständigen Politiker die Probleme von Jugendlichen besser verstehen, und mir auch selbst Lösungen überlegen, wenn es Probleme gibt.
Nun fragt ihr euch sicher, was ihr davon habt, sich für andere einzusetzen – und das auch noch ohne Bezahlung? Dazu kann ich nur sagen: Probiert es einfach aus! Ihr glaubt gar nicht, wie viel Freude es macht, wenn man merkt, dass man einem Schwächeren geholfen hat oder ihm in seinem sonst traurigen Leben Spaß und Vergnügen bereitet hat! Dieses Gefühl wiegt mehr als ein bisschen Geld! Darüber hinaus lernt ihr meistens auch noch für euch selbst etwas dazu. Das kann so weit gehen, dass man leichter einen Ausbildungsplatz bekommt, wenn der Bewerbung eine Bescheinigung beiliegt, dass man sich ehrenamtlich betätigt hat. Schließlich weiß dann jeder Chef, dass man hilfsbereit und zuverlässig ist und gelernt hat, im Team zu arbeiten. Oder man entdeckt für sich selbst, dass man diese Freizeitbeschäftigung sogar später zu seinem Beruf machen möchte. Auf alle Fälle werdet ihr immer wieder nette Menschen kennenlernen und womöglich echte Freunde finden. Und Spaß und Action wird dabei auch nicht zu kurz kommen.
Für diejenigen, für die ihr euch einsetzt, bedeutet es meist eine große Bereicherung für ihr Leben. Unsere Gesellschaft wäre ohne die vielen ehrenamtlich Tätigen um einiges ärmer, weil der Staat nicht alles für seine Bürger leisten kann. Gerade weil unsere Gesellschaft immer älter

wird und viele Senioren in Heimen betreut werden, brauchen wir Menschen, die sich zusätzlich um diese Bewohner kümmern. Wie gut tut es den alten Menschen, wenn Schülerinnen und Schüler sie besuchen, mit ihnen spazieren gehen, sie in die Kirche begleiten, mit ihnen Spiele machen oder einfach nur mit ihnen reden. Dieser Umgang bereichert umgekehrt die Jugendlichen, weil sie hier lernen, sich in andere Menschen hineinzuversetzen, zu sehen, wo und wie man Hilfe anbieten kann, aber auch, weil sie Lebensgeschichten aus früheren Zeiten erfahren.

Es gibt darüber hinaus noch die verschiedensten Bereiche, bei denen man sich engagieren kann: zum Beispiel die freiwillige Feuerwehr, Vereine, die Freizeitangebote für Behinderte und nicht Behinderte gemeinsam anbieten, Ehrenamtliche, die Migranten oder Asylsuchende unterstützen, Sportbegeisterte, die ihre Freizeit als Trainer verbringen oder beim Natur- und Umweltschutz. Und diese Liste ließe sich noch beliebig verlängern.

Darum möchte ich euch zum Schluss wirklich ermuntern, einen Bereich für ehrenamtliche Tätigkeit zu suchen, der zu euch passt, wo ihr eure Stärken einbringen könnt und wo ihr euch selbst richtig wohlfühlt. Ich bin überzeugt, dass euch das gelingt und ihr diesen Schritt nicht bereut.

Deutsch-Prüfung 2013

Außergewöhnliche Menschen und Leistungen

1. Folgende Textstellen passen zu diesen Aussagen:
   a) Nach einem Jahr hartem Training war es so weit.
   b) Ich gehe gerne in die Schule, aber mein eigentliches Klassenzimmer ist die Natur.

2.

Quelle: http://andreelapierre.com/7-summits/, 25.6.2013 © FFunction

3. Jordans Eltern nehmen seinen Wunsch, den Kilimandscharo zu besteigen, ernst, und gemeinsam besteigen sie die höchsten Berge der sieben Kontinente. Seine Familie ist sein Team bei der Verwirklichung seines Traumes.

4.

	Aussage	richtig
a)	Bezwinge den Mount Everest als 13-Jähriger.	
b)	Lerne den Mount Everest aus der Sicht eines Jugendlichen kennen.	
c)	Erfülle dir mit dem Aufstieg zum Mount Everest deinen Lebenstraum.	
d)	Vergleiche meinen Aufstieg zum Mount Everest mit der Verwirklichung deines Lebenstraums.	x

5.

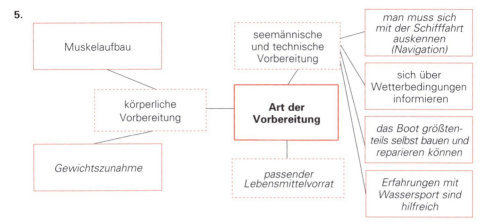

6.
- schlechter Schlaf
- deutliches Aufgeregtsein

7. Philip Kösters Welt ist die der Windsurfer. Er will einfach nur Spaß haben und surfen. Im Wasser fühlt er sich am wohlsten. Dabei bedeutet ihm das übermäßige Interesse an seiner Person und das viele Reden nichts.

8. *Er zwingt seine Konkurrenten zu mehr Risiko, weil* er mit seinem zweifachen Vorwärtssalto das Besondere alltäglich gemacht hat.
und
Er zwingt seine Konkurrenten zu mehr Risiko, weil er mit seinem Sprung-Weltrekord von 20 Metern neue Maßstäbe gesetzt hat.

9.

1.	**Philip Köster hat das Besondere alltäglich gemacht.**	
a)	Eine außergewöhnliche Leistung ist normal geworden.	x
b)	Philips Alltag ist immer etwas Besonderes.	
c)	Man kann auch im Alltag besondere Erlebnisse haben.	
2.	**Windsurfen ist eine Sportart,**	
a)	die alte und junge Menschen kennen und lieben.	
b)	die vor allem junge Menschen fasziniert.	x
c)	bei der es ausschließlich um Freiheit, Party und Lebensgefühl geht.	
3.	**Philip Köster**	
a)	bestritt mit 17 Jahren seinen ersten Weltcup.	
b)	wurde mit 14 Jahren als bester Nachwuchssurfer geehrt.	x
c)	wurde mit 15 Jahren Weltmeister.	

Deutsch-Prüfung 2013

4.	Die Surfer sind missmutig, weil	
a)	das Wetter auf Sylt so schön ist.	
b)	zu viel Wind weht.	
c)	der Wind nicht stark genug weht.	x

10. a) **Jordan Romero** ist mit seinen 15 Jahren der erste Extrembergsteiger, der die höchsten Berge der sieben Kontinente bestiegen hat. Nach einjährigem hartem Vorbereitungstraining bewältigte er mit seinen Eltern zusammen diese Touren. Dabei möchte er dieses Lebensgefühl, das er dabei hat, auch anderen Jugendlichen vermitteln. Dazu bereist er alle 50 US-Staaten und wirbt dafür, sich durch das Bezwingen eines Berges einen Lebenstraum zu erfüllen.

    Janice Jakait begab sich 2011 mit ihrem Ruderboot auf eine 6500 km lange Tour über den Atlantik und kam als erste deutsche Frau nach drei Monaten in der Karibik an. Allein mit ihrer Muskelkraft meisterte sie diese Strecke samt aller Gefahren und Wetterwidrigkeiten. Darüber hinaus hat sie ihr Projekt dem „Rudern für die Stille" gewidmet, mit dem sie auf den Unterwasserlärm aufmerksam machen möchte – zum Schutz von Delfinen und Walen.

    Philip Köster ist ein außergewöhnliches Talent beim Windsurfen, der als Jahrhunderttalent und als Zukunft in diesem Sport gilt. Schon als Zwölfjähriger bestritt er seinen ersten Weltcup, als 17-Jähriger hat er dann alle Weltcups in der Königsdisziplin gewonnen und ist der erste deutsche Weltmeister überhaupt.

    b) Dabei haben die drei Personen folgende Gemeinsamkeiten:
    ▶ Jeder möchte sich seinen Lebenstraum erfüllen.
    ▶ Um dieses Ziel erreichen zu können, arbeitet jeder hart und diszipliniert daran.
    ▶ Jeder lebt in seiner ganz eigenen Welt.

11. Projekt „Zeitung in der Schule" zum Thema „Lebe deinen Traum"

    Als junger Mensch hat man das Leben vor sich, und jeder macht sich seine Gedanken, wie er sein Leben gern gestalten würde und was einem wirklich wichtig ist. So mancher hat einen großen Lebenstraum und fragt sich, ob man den überhaupt verwirklichen kann.
    Deshalb ist es interessant, von anderen jungen Menschen zu erfahren, die sich tatsächlich ihren Lebenstraum erfüllen konnten.
    Der 15-jährige Jordan Romero aus Kalifornien ist der jüngste Mensch, der die höchsten Berge der sieben Kontinente bezwungen hat. Weil er es gewohnt war, schon mit seinen Eltern auf etwas andere Art Urlaub zu machen, nämlich mit dem Mountainbike, dem Kanu oder zu Fuß die Natur zu erkunden, entstand in ihm eines Tages der Wunsch, den Kilimandscharo und die anderen höchsten Berge zu besteigen. Seine Eltern unterstützten diesen Wunsch und gingen mit auf diese Abenteuer – allerdings nach intensivster Vorbereitung und hartem Training. Für ihn liegt im Besteigen eines Berges das höchste Lebensgefühl, was er anderen Jugendlichen weitergeben möchte mit seiner Kampagne „Find your own Evererst", was im übertragenen Sinne so viel bedeutet wie „Finde dein Glück, deine Selbstverwirklichung im Besteigen eines Berges, den du dir selbst auswählst".
    Oder Philip Köster, der Ausnahme-Windsurfer, der bereits mit 12 Jahren am Weltcup teilnahm und mit 17 alle Weltcups gewonnen hat. Er wuchs in einem Surferparadies auf Gran Canaria auf, wo seine Eltern eine Surfschule nach ihrer Auswanderung gründeten. Dort entstand sein

Wunsch, dass er eigentlich immer nur surfen und Spaß haben möchte – das Wasser ist einfach sein Element. Viel Wirbel um seine Person und große Reden mag er dagegen nicht. Mit sehr viel Disziplin und großem Können setzt er neue Maßstäbe im Windsurfen.

Oder auch Janice Jakait, die zuvor IT-Beraterin war, und Ende 2011 mit ihrem Ruderboot eine 6500 km lange Tour von Portugal bis in die Karibik nur mit eigener Muskelkraft bewältigte. Tatsächlich durchlebte sie viele Entbehrungen und Gefahren wie meterhohe Wellen, Stürme und große Schiffe. Aber sie erlebte auch Momente, die sie glücklich machten, nämlich bei der Begegnung mit vielen Meeresbewohnern wie Walen, Delfinen, Schildkröten und Haien. Denn das war neben der Herausforderung, die Strecke allein zu bewältigen, ihr zweites großes Anliegen: Sie ruderte für die Stille mit dem Projekt „row for silence". Mit der Organisation „Ocean Care" möchte sie auf den Unterwasserlärm aufmerksam machen, der durch militärische Versuche, Öl- und Gasbohrungen und große Schiffe entsteht. Wale und Delfine können untereinander nicht mehr kommunizieren oder sich nicht mehr richtig orientieren und sind dadurch stark gefährdet. Ihre große Hoffnung besteht darin, dass wir Menschen das Meer wieder wertschätzen und unseren Umgang damit ändern werden.

Fasziniert haben mich alle Geschichten über diese außergewöhnlichen Leistungen. Am meisten beeindruckt hat mich aber Janice Jakaits Anliegen, sich für einen besseren überlegten Umgang mit dem Meer einzusetzen. Ich glaube, sie sollte Vorbild für uns alle sein, uns für den Erhalt der Ozeane zu engagieren. Und jeder kann etwas dafür tun: z. B. sollte man nur Fisch aus nachhaltigem Fang kaufen oder den Kampf gegen den Gebrauch von Unmengen an Plastiktüten aufnehmen, die wesentlich zur Meeresverschmutzung beitragen. Unsere Ozeane sind für uns alle lebenswichtig und Grundlage für das Weiterbestehen unserer Erde.

Notizen

Mathematik-Training

Leitidee Zahl

1. Rechnen mit Brüchen und Dezimalzahlen

Aufgabe 1

Umwandlung in Dezimalzahlen

$1{,}3 = 1{,}3$

$\frac{6}{5} = \frac{12}{10} = 1{,}2$

$1{,}26 = 1{,}26$

$\frac{5}{4} = \frac{125}{100} = 1{,}25$

Umwandlung in Brüche

$1{,}3 = \frac{13}{10} = \frac{130}{100}$

$\frac{6}{5} = \frac{12}{10} = \frac{120}{100}$

$1{,}26 = \frac{126}{100}$

$\frac{5}{4} = \frac{125}{100}$

Ordnung: $\frac{6}{5} < \frac{5}{4} < 1{,}26 < 1{,}3$

Aufgabe 2

$22 - 10 \cdot \frac{1}{2}$ ⎫ Punkt vor Strich
$= 22 - 5$
$= 17$

$(22 - 10) \cdot \frac{1}{2}$ ⎫ Klammer zuerst
$= 12 \cdot \frac{1}{2}$
$= 6$

Im ersten Term muss „Punkt vor Strich" beachtet werden, während im zweiten Term zuerst die Klammer berechnet werden muss.

Aufgabe 3

Von 0 bis 1 sind es 24 Kästchen. Also entspricht jedes Kästchen $\frac{1}{24}$.

(A) $\frac{6}{24} = \frac{1}{4} = 0{,}25$

(B) $\frac{9}{24} = \frac{3}{8} = \frac{375}{1000} = 0{,}375$

(C) $\frac{12}{24} = \frac{1}{2} = 0{,}5$

(D) $\frac{18}{24} = \frac{3}{4} = 0{,}75$

Aufgabe 4

$\frac{6}{5} : \frac{3}{4} - \frac{4}{3} \cdot \frac{3}{5}$

$= \frac{6}{5} \cdot \frac{4}{3} - \frac{12}{15}$

$= \frac{24}{15} - \frac{12}{15}$

$= \frac{12}{15}$

$= \frac{4}{5}$

Mathematik-Training

Aufgabe 5

3 von 7   43 von 100

$= \frac{3}{7}$ $= \frac{43}{100}$

$= 3 : 7 = 0{,}428 \ldots$ $= 0{,}43$
30
28
 20
 14
  60
  56
  ...

Wenn man die beiden Dezimalzahlen vergleicht, erkennt man, dass 43 von 100 größer ist als 3 von 7.

2. Terme und Gleichungen

Aufgabe 1

$6 \cdot (3x - 7) - 12 - 4x = 9x - (7x + 6)$) Klammern auflösen
$18x - 42 - 12 - 4x = 9x - 7x - 6$) Zusammenfassen
$14x - 54 = 2x - 6$) x-Terme nach links, Zahlen nach rechts
$12x = 48$
$x = 4$) : 12

Aufgabe 2

Summe aus 9 und 15   ⇒   9 + 15
Produkt aus 3 und 4 ⇒   3 · 4

Also:
$(9 + 15) : (3 \cdot 4)$) Klammern zuerst
$= 24 : 12$
$= 2$

Aufgabe 3

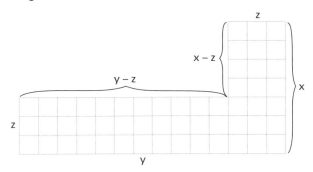

Umfang = z + y + x + z + (x − z) + (y − z)
  = 2z − 2z + 2x + 2y
  = 2x + 2y

Aufgabe 4

Gedachte Zahl = x

x · 5 + 6 = 7 · x
  5x + 6 = 7x | − 5x
     6 = 2x | : 2
     3 = x

Die gedachte Zahl muss 3 sein.

Aufgabe 5

Drei 1,5-Literflaschen Cola   = 3 · 1,5 l = 4,5 l
Vier 1-Literflaschen Orangensaft = 4 · 1 l = 4 l
Cola + Orangensaft = 4,5 l + 4 l = 8,5 l

Insgesamt hat Judith 12 Liter Getränke gekauft. 8,5 Liter davon sind Cola und Orangensaft.
Für die Mineralwassermenge bleibt also noch übrig:
12 l − 8,5 l = 3,5 l (Mineralwasser)
Wie verteilen sich diese 3,5 l auf 5 Flaschen (siehe Text)?
3,5 l : 5 = 0,7 l

Antwort: In einer Mineralwasserflasche sind 0,7 Liter.

Mathematik-Training

3. Mit Zahlen sinnvoll umgehen

Aufgabe 1

$0,0074 = 7,4 \cdot 10^{-3}$
$3\,700\,000 = 3,7 \cdot 10^{6}$
$0,0849 = 8,49 \cdot 10^{-2}$

Aufgabe 2

Lösung durch Überschlagsrechnung.
$25,44 \approx 25 \qquad 19,8 \approx 20$

Also: $25 \cdot 20 = 500$ als Überschlagsrechnung.

Da der Überschlag 500 ist, muss das Komma nach der dritten Stelle gesetzt werden:
$25,44 \cdot 19,8 = 503,712$

Aufgabe 3

a) $42\,938 \approx 43\,000$

b) $\approx 8,6$ Milliarden

c) $1,247\% \approx 1,2\%$

Aufgabe 4

Lösung durch Umkehraufgabe.
Da es hier um eine Multiplikation geht, ist die Division die nötige Umkehraufgabe:

```
400 : 12 = 33,33 …           410 : 12 = 34,16 …
36                           36
 40                           50
 36                           48
  40                           20
  36                           12
   40                           80
   36                           72
   …                            …
```

Die ganze Zahl zwischen 33,33 und 34,16 ist 34. Damit kann man 34 in das Kästchen eintragen.

Aufgabe 5

Leitidee Raum und Form

1. Figuren und Körper zeichnen oder konstruieren

Aufgabe 1

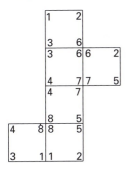

Aufgabe 2

Konstruktionsschritte
1. Zeichne Strecke AB mit $\overline{AB}$ = 5 cm.
2. Trage in A und B jeweils einen 60°-Winkel an.
3. Benenne den Schnittpunkt mit C.
4. Verbinde C mit A und B.

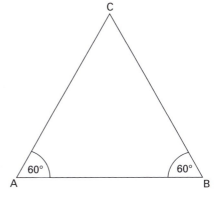

Mathematik-Training

Aufgabe 3

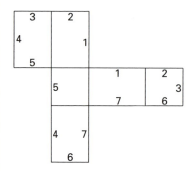

Aufgabe 4

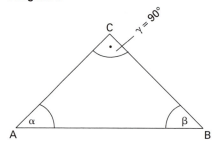

Da das Dreieck gleichschenklig ist, gilt $\alpha = \beta$
Die Winkelsumme im Dreieck ist 180°. Deshalb gilt:
$\alpha + \beta + 90° = 180°$
$\alpha + \alpha + 90° = 180°$ (da $\alpha = \beta$)
$\quad 2\alpha + 90° = 180°$
$\quad\quad\quad 2\alpha = 90°$
$\quad\quad\quad\;\; \alpha = 45°\quad \beta = 45°$

Aufgabe 5

Netze (A) und (D) lassen sich **nicht** zu Würfeln zusammenbauen.

Netze (B) und (C) sind aber tatsächlich Würfelnetze.

Mathematik-Training

2. Räumliches Vorstellungsvermögen

Aufgabe 1

Teilwürfel mit 0 angestrichenen Flächen: 1 (genau im Zentrum des Zauberwürfels)
Teilwürfel mit 1 angestrichenen Fläche: 6 (auf jeder Fläche des Zauberwürfels jeweils ein Teilwürfel in der Mitte)

Teilwürfel mit 2 angestrichenen Flächen: 12
Teilwürfel mit 3 angestrichenen Flächen: 8

Insgesamt ergeben sich 1 + 6 + 12 + 8 = 27 Teilwürfel.

Aufgabe 2

Da die einzelnen „Treppen" des Körpers unterschiedlich breit sind, kann nur Zeichnung (2) richtig sein. Von der linken Seite betrachtet wirken die unterschiedlichen „Treppenbreiten" wie senkrechte Kanten. Nur Zeichnung (2) hat solche senkrechten Kanten.

Aufgabe 3

Außenflächen des Körpers: 5 Quadrate + 4 Dreiecke (oben)
Innenflächen des Körpers: 4 Dreiecke (ausgefräste Pyramide)
Gesamtzahl aller Flächen: 5 + 4 + 4 = 13

Aufgabe 4

Vorne: 5 Flächen
Hinten: 3 Flächen
Oben: 5 Flächen
Unten: 3 Flächen   Insgesamt: 22 Flächen
Rechts: 3 Flächen
Links: 3 Flächen

Aufgabe 5

A. (Länge des Kartons) : (Kantenlänge des Würfels)
   = 9 cm : 1,5 cm
   = 6   (6 Würfel könnten **genau** in der Länge passen)

B. (Breite des Kartons) : (Kantenlänge des Würfels)
   = 6 cm : 1,5 cm
   = 4   (4 Würfel könnten **genau** in der Breite passen)

Mathematik-Training

C. (Höhe des Kartons) : (Kantenlänge des Würfels)
= 4 cm : 1,5 cm
= 2,666 ...

Da die Division in C. nicht „glatt" aufgeht, kann man höchstens je 2 Würfel übereinander in den Karton legen. Dann ist der Karton aber nur bis zur Höhe von 2 · 1,5 cm = 3 cm ausgefüllt und oben ist noch 1 cm „Luft".
Also kann man den Karton **nicht vollständig** mit Würfeln der Kantenlänge 1,5 cm befüllen.

Leitidee Messen

1. Umgang mit Größen

Aufgabe 1

Umwandlung aller Längen in Meter.
0,023 km = 23 m   2,3 m = 2,3 m (bleibt)
203 dm = 20,3 m   233 000 mm = 233 m

Also:
233 000 mm > 0,023 km > 203 dm > 2,3 m

Aufgabe 2

 8.42 Uhr bis 13.42 Uhr = 5 Stunden
13.42 Uhr bis 14.31 Uhr = 49 Minuten
_____
              Gesamtzeit = 5 h 49 min

Aufgabe 3

1. Schritt:
Umwandlung von 48 hl in Liter.
48 hl = 4800 l

2. Schritt:
Wie häufig ist 0,5 l in 4800 l enthalten?
4800 : 0,5 = 9600

Mit 48 hl Bier kann man also 9600 0,5-Liter Flaschen befüllen.

Aufgabe 4

Umwandlung aller Gewichte in kg.
720 g = 0,72 kg   7,19 kg = 7,19 kg (bleibt)
709 900 mg = 0,7099 kg   0,0071 t = 7,1 kg

Also:
709 900 mg < 720 g < 0,0071 t < 7,19 kg

2. Fehlende Stücke geometrischer Figuren ermitteln

Aufgabe 1

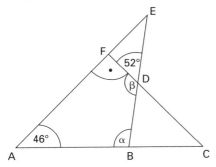

Zunächst bezeichnet man den Winkel BDF mit β.

1. Schritt:
Da β und 52° Nebenwinkel sind, gilt:
52° + β = 180°
     β = 180° − 52° = 128°

2. Schritt:
Nun betrachtet man das Viereck ABDF. Drei der vier Winkel in diesem Viereck sind bekannt:

a) ⌐ = 90°   b) Winkel BAF = 46°   c) β = 128°

Die vier Winkel in einem Viereck ergänzen sich zu 360°. Deshalb gilt:
90° + 46° + 128° + α = 360°
           264° + α = 360°
                  α = 360° − 264°
                  α = 96°

Aufgabe 2

Da die Figur symmetrisch zur Achse des Mastes ist, genügt es, nur eine Seite des Mastes zu betrachten und ganz zum Schluss die benötigte Seillänge zu verdoppeln. Im Folgenden wird die linke Seite des Mastes betrachtet.

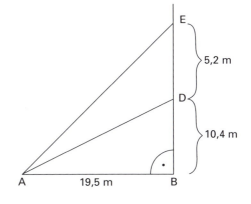

Mathematik-Training

Zu berechnen sind die Strecken $\overline{AD}$ und $\overline{AE}$.

1. Schritt:
Berechnung von $\overline{AD}$ im rechtwinkligen Dreieck ABD.
Nach Pythagoras gilt:
$(19,5)^2 + (10,4)^2 = \overline{AD}^2$
$\sqrt{(19,5)^2 + (10,4)^2} = \overline{AD}$
$\overline{AD} = 22,1$ m

2. Schritt:
Berechnung von $\overline{AE}$ im rechtwinkligen Dreieck ABE.
Nach Pythagoras gilt:
$\overline{AE}^2 = (19,5)^2 + (10,4 + 5,2)^2$
$\overline{AE}^2 = (19,5)^2 + (15,6)^2$
$\overline{AE} = \sqrt{(19,5)^2 + (15,6)^2}$
$\overline{AE} = 25$ m   (gerundet)

Insgesamt wird folgende Menge an Stahlseil benötigt (für beide Seiten des Mastes zusammen):
$2 \cdot (22,1$ m $+ 25$ m$) = 2 \cdot 47,1$ m $= 94,2$ m

Aufgabe 3

1. Schritt:
Die Winkelsumme im oberen Dreieck ist gegeben durch:
$\alpha + \alpha + 140° = 180°$
$\quad 2\alpha + 140° = 180° \qquad$ | $- 140°$
$\qquad\quad 2\alpha = 40° \qquad\quad$ | $: 2$
$\qquad\quad\; \alpha = 20°$

2. Schritt:
Die Winkelsumme im unteren Trapez ist:
$\beta + \beta + 55° + 55° = 360°$
$\quad 2\beta + 110° = 360° \qquad$ | $- 110°$
$\qquad\quad 2\beta = 250° \qquad\;\;$ | $: 2$
$\qquad\quad\; \beta = 125°$

Aufgabe 4

Der entscheidende Längsschnitt der Figur:

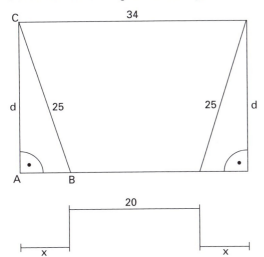

1. Schritt:
Zunächst wird x berechnet:
2x + 20 = 34
    2x = 14
      x = 7

2. Schritt:
Berechnung der Höhe d des Eimers mithilfe von Pythagoras:
$d^2 + 7^2 = 25^2$
    $d^2 = 25^2 - 7^2$
    $d = \sqrt{25^2 - 7^2}$
    $d = 24$

Der Eimer hat eine Höhe von 24 cm.

Aufgabe 5

Zunächst wird β berechnet.
β + 87,6° = 180°   (Nebenwinkel)
    β = 92,4°

Winkelsumme im Dreieck BAD.
α + 92,4° + 84,9° = 180°
     α + 177,3° = 180°
              α = 2,7°

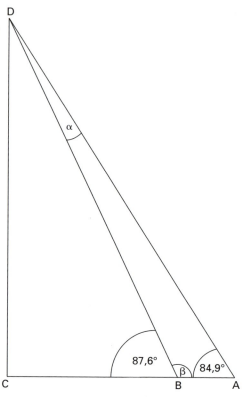

3. Flächenberechnung

Aufgabe 1

Man kann den Pfeil in ein Trapez (links) und ein Dreieck (rechts) einteilen.

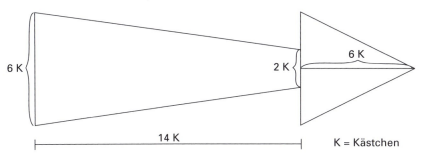

K = Kästchen

1. Schritt:
Berechnung des Flächeninhalts des Trapezes.
6 Kästchen = 6 · 20 cm ≙ 120 cm
2 Kästchen = 2 · 20 cm ≙ 40 cm
14 Kästchen = 14 · 20 cm ≙ 280 cm

$$A_T = \frac{a+b}{2} \cdot h = \frac{120+40}{2} \cdot 280$$

$$= \frac{160}{2} \cdot 280$$

$$= 80 \cdot 280$$

$$= 22\,400 \text{ cm}^2$$

$$= 2{,}24 \text{ m}^2$$

2. Schritt:
Berechnung des Flächeninhalts des Dreiecks.

$$A_D = \frac{g \cdot h}{2} = \frac{120 \cdot 120}{2}$$

$$= 7200 \text{ cm}^2$$

$$= 0{,}72 \text{ m}^2$$

Gesamtflächeninhalt des Pfeils:
2,24 m² + 0,72 m² = 2,96 m²

Mathematik-Training

Aufgabe 2

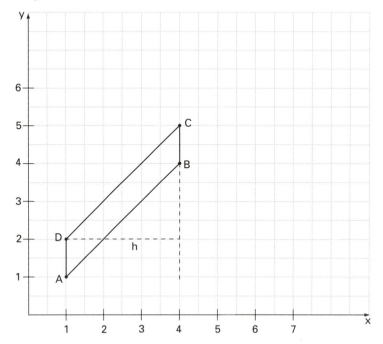

Es handelt sich um ein Parallelogramm. Die Höhe h des Parallelogramms ist h = 3 cm (6 Kästchen). Die Grundseite ist $\overline{AD}$ = 1 cm (2 Kästchen).

$A_p = g \cdot h = \overline{AD} \cdot h = 1 \cdot 3 = 3$ cm²

Aufgabe 3

In der Zeichnung befinden sich ein großer Kreis mit Radius 4,5 m (= 1,7 m + 2,8 m) und ein kleiner Kreis mit Radius 1,7 m. Der Flächeninhalt der zu teerenden Fahrbahn berechnet sich durch:

$A_{\text{großer Kreis}} - A_{\text{kleiner Kreis}}$
$= \pi \cdot (4,5)^2 - \pi \cdot (1,7)^2$
$= 3,14 \cdot 20,25 - 3,14 \cdot 2,89$
$= 54,5104$ m²
≈ 55 m² (gerundet)

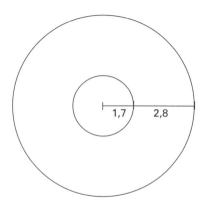

Aufgabe 4

Es gibt zwei Flächenabschnitte, die mit Rasen bedeckt sind. Eine hat die Form eines Trapezes, die andere hat die Form eines Rechtecks, aus dem ein Kreis (Teich) ausgeschnitten ist.

1. Schritt:
Berechnung des Trapezes.
Parallele Seite 1 = 9 m
Parallele Seite 2 = 19 m – 5 m = 14 m
Höhe = 24 m – 15 m – 1,5 m = 7,5 m

$$A_T = \frac{a+b}{2} \cdot h = \frac{9+14}{2} \cdot 7,5 = 11,5 \cdot 7,5 = 86,25 \; [m^2]$$

2. Schritt:
Berechnung des Rechtecks.
$A_R = a \cdot b$
$\quad = 19 \cdot 15 \; m^2$
$\quad = 285 \; m^2$

3. Schritt:
Berechnung des Kreises.
$A_K = \pi \cdot r^2$
$\quad = 3,14 \cdot (2,5)^2 \; m^2$
$\quad = 19,63 \; m^2$ (gerundet)

4. Schritt:
Berechnung der Gesamtfläche, die mit Rasen bedeckt ist.
$A = A_T + A_R - A_K$
$A = 86,25 \; m^2 + 285 \; m^2 - 19,63 \; m^2$
$A = 351,62 \; m^2$

4. Körperberechnungen

Aufgabe 1

Zunächst muss man das Volumen des Bleistifts berechnen. Der Stift setzt sich aus einem Kegel (der Minenspitze) und einem Zylinder (dem Griff) zusammen.

Berechnung des Kegel-Volumens
Radius des Kegels = 12 mm : 2 = 6 mm
Höhe des Kegels = 18 mm

$$V_{Kegel} = \frac{1}{3} \cdot \pi \cdot r^2 \cdot h = \frac{1}{3} \cdot 3,14 \cdot 6^2 \cdot 18 = 678,24 \; mm^3$$

Mathematik-Training

Berechnung des Zylinder-Volumens
Radius des Zylinders = 6 mm
Höhe des Zylinders = 80 mm

$V_{Zylinder} = \pi \cdot r^2 \cdot h = 3{,}14 \cdot 6^2 \cdot 80 = 9043{,}2 \text{ mm}^3$

Das Gesamtvolumen des Bleistifts beträgt somit:
678,24 mm³ + 9043,2 mm³ = 9721,44 mm³

Gewicht des Bleistifts.
Umwandlung des Volumens in cm³:
9721,44 mm³ = 9,72144 cm³

Gewichtsberechnung durch Dreisatz:
    1 cm³ = 0,4 g
9,72144 cm³ = 9,72144 · 0,4 g = 3,888576 g

Gerundet ergibt dies ein Gewicht von etwa 3,9 g.

Aufgabe 2

Mathematisch gesehen ist die Konservendose ein Zylinder. Der Flächeninhalt des Etiketts ist dann die Mantelfläche des Zylinders.
Mantel = $2 \cdot \pi \cdot r \cdot h = 2 \cdot 3{,}14 \cdot 3 \cdot 11 = 207{,}24 \text{ cm}^2$

Aufgabe 3

Volumen des kleinen Würfels = $a \cdot a \cdot a = a^3$

Volumen des großen Würfels = (3a) · (3a) · (3a)
                                        = (3 · 3 · 3) · (a · a · a)
                                        = $27 \cdot a^3$

Vergleicht man die beiden Volumina, sieht man, dass das Volumen des größeren Würfels 27-mal so groß ist wie das des kleinen Würfels.

Aufgabe 4

Zur Berechnung des Zylinder-Volumens benötigt man den Radius und die Höhe des Zylinders. Da ein Tennisball laut Zeichnung exakt in der Breite und 3 Tennisbälle exakt in der Höhe in den Zylinder passen, ergeben sich folgende Werte:
Radius des Zylinders = 21 mm
Höhe des Zylinders = 6 · 21 mm = 126 mm

$V_{Zyl} = \pi \cdot r^2 \cdot h$
 $= 3{,}14 \cdot (21 \text{ mm})^2 \cdot 126 \text{ mm}$
 $= 174\,477{,}24 \text{ mm}^3$
 $= 174{,}47724 \text{ cm}^3$
 $\approx 174 \text{ cm}^3$ (gerundet)

Aufgabe 5

G = Grundfläche

$V_{Würfel} = G \cdot h = G \cdot 4$ ←

$V_{Py1} = \frac{1}{3} G \cdot h = G \cdot \frac{1}{3} \cdot 4 = G \cdot \frac{4}{3}$

$V_{Py2} = \frac{1}{3} G \cdot h = G \cdot \frac{1}{3} \cdot 12 = G \cdot \frac{12}{3} = G \cdot 4$ ←

$V_{Py3} = \frac{1}{3} G \cdot h = G \cdot \frac{1}{3} \cdot 8 = G \cdot \frac{8}{3}$

Offensichtlich hat Pyramide 2 das gleiche Volumen wie der Würfel.

Leitidee Daten und Zufall

Aufgabe 1

Anzahl aller möglichen Ergebnisse: 49 Kugeln insgesamt

Anzahl der „günstigen" Ergebnisse: Kugel ⑩
Kugel ⑳
Kugel ㉚
Kugel ㊵

Gesamt: 4 „günstige" Kugeln

Wahrscheinlichkeit:

P (Kugel mit 0 als Ziffer) = $\frac{\text{Anzahl der „günstigen" Ergebnisse}}{\text{Anzahl aller möglichen Ergebnisse}}$

$= \frac{4}{49}$

Mathematik-Training

Aufgabe 2

Wählt man 0,1 t als Einheit pro Kästchen auf der y-Achse, so braucht man 35 Kästchen. Dies ist zwar möglich, erzeugt aber ein sehr großes Schaubild. Geschickter ist es, 0,2 t als Einheit pro Kästchen zu wählen.

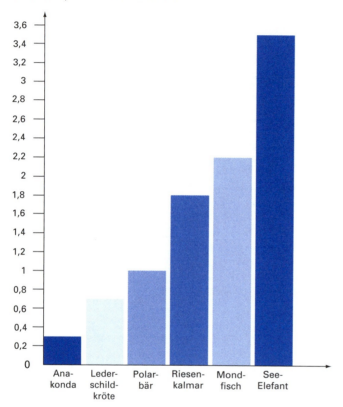

Aufgabe 3

a) Da alle Fächer zusammen 100% ergeben, berechnet man den Prozentsatz für die sonstigen Fächer so:

100% − 12% − 15% − 10% − 40% = 23%

Gradzahlen für das Kreisdiagramm:

Mathe: 12% von 360° = 0,12 · 360° = 43,2° ≈ 43°
Englisch: 15% von 360° = 0,15 · 360° = 54°
Deutsch: 10% von 360° = 0,1 · 360° = 36°
Sport: 40% von 360° = 0,4 · 360° = 144°
Sonstige: 23% von 360° = 0,23 · 360° = 82,8° ≈ 83°

Kreisdiagramm

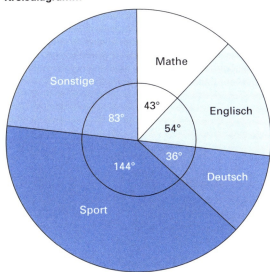

b) 40% von 6000 = 0,4 · 6000 = 2400

Aufgabe 4

a) Arithmetisches Mittel:

$$\frac{85 + 25 + 50 + 15\,000 + 35 + 20 + 95 + 35 + 55 + 220}{10}$$

= 1562 €

Zentralwert (= Median):
Zur Bestimmung des Zentralwertes müssen die Daten der Größe nach geordnet werden.

20 25 35 35 50 | 55 85 95 220 15 000

↓
Zentralwert

Da insgesamt 10 Daten vorliegen, liegt der Zentralwert zwischen dem 5. und 6. Datenwert.
Dabei bildet man das arithmetische Mittel dieser beiden Datenwerte:

Zentralwert = $\frac{50 + 55}{2} = \frac{105}{2}$ = 52,50 €

b) Mögliche Gründe:

1. Der „Ausreißer" 15 000 zieht das arithmetische Mittel extrem in die Höhe. Damit liegt der Durchschnitt von 1562 € viel höher als 9 von 10 Datenwerten. Das arithmetische Mittel ist also nicht sehr aussagekräftig, was die überwiegende Anzahl der Datenwerte betrifft. Der Durchschnitt „verfälscht" hier zu sehr die tatsächlichen Daten.

Mathematik-Training

2. Da die Journalistin nur Verluste in ihre Statistik einbezieht, mögliche Gewinne anderer Casino-Besucher jedoch ignoriert, entsteht ebenfalls ein übertriebenes Bild über die „durchschnittlichen" Verluste der Casino-Besucher.

3. Es ist statistisch sehr fragwürdig, ob eine kleine Datenmenge von nur 10 Werten überhaupt eine verallgemeinerte Schlussfolgerung über „alle" Casino-Besucher zulässt. Um allgemeinere Aussagen über durchschnittliche Gewinne oder Verluste zu treffen, müsste man wesentlich mehr Casino-Besucher befragen.

Aufgabe 5

a)

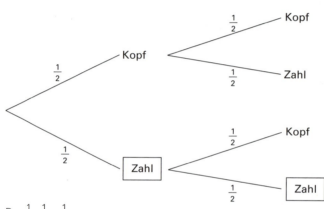

$P = \frac{1}{2} \cdot \frac{1}{2} = \frac{1}{4}$

Die Wahrscheinlichkeit für „zweimal Zahl" ist $\frac{1}{4} = 25\%$.

b) Anzahl aller Möglichkeiten: 5 Hemden
Anzahl der „günstigen" Ergebnisse: 2 (kurzärmlige) Hemden
$P \text{ (kurzärmlig)} = \frac{2}{5} = \frac{4}{10} = \frac{40}{100} = 40\%$

Der Vergleich von (a) und (b) ergibt, dass (b) wahrscheinlicher ist.

Leitidee Modellieren

1. Berechnung von Kombinationsmöglichkeiten

Aufgabe 1

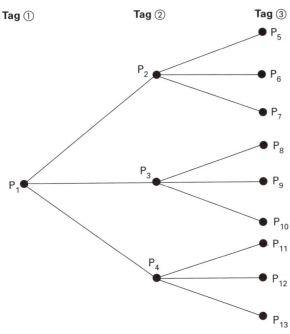

Am 3. Tag sind insgesamt 13 Personen infiziert.

Aufgabe 2

P_1 umarmt P_2, P_3, P_4 = 3 Umarmungen

P_2 umarmt P_3, P_4 = 2 Umarmungen

P_3 umarmt P_4 = 1 Umarmung

Insgesamt = 6 Umarmungen

Aufgabe 3

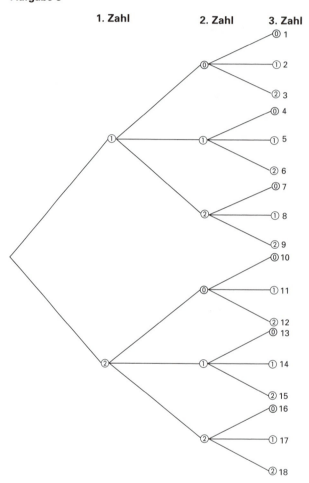

Insgesamt sind 18 Zahlenkombinationen möglich. (Ein nicht besonders sicheres Zahlenschloss!)

Aufgabe 4

Man kann jedes Porzellanset mit jedem Besteckset kombinieren. Hierfür gibt es bereits 2 · 2 = 4 Möglichkeiten. Jede dieser 4 Möglichkeiten kann man wiederum mit jeder der 4 Tischdecken kombinieren.
Also gibt es insgesamt 4 · 4 = 16 verschiedene Tischdekorationen.
Die Aufgabe ist auch mit Hilfe eines Baumdiagramms lösbar.

Mathematik-Training

2. Proportionale und umgekehrt proportionale Beziehungen in der Wirklichkeit

Aufgabe 1

Um die beiden Angebote zu vergleichen, muss man jeweils den Preis für 1 kg berechnen.

Angebot A

:3 $\left(\begin{array}{l} 3 \text{ kg} \triangleq 4{,}50 \text{ €} \\ 1 \text{ kg} \triangleq 1{,}50 \text{ €} \end{array}\right)$:3

Angebot B

:10 $\left(\begin{array}{l} 10 \text{ kg} \triangleq 12{,}00 \text{ €} \\ 1 \text{ kg} \triangleq\ \ 1{,}20 \text{ €} \end{array}\right)$:10

Angebot B ist günstiger (pro kg).

Aufgabe 2

Ein Gewinner bekommt den gesamten Betrag von 3000 €.
Die Juni-Angabe berechnet man mithilfe einer umgekehrt proportionalen Zuordnung.

:2 $\left(\begin{array}{l} 300 \text{ €} \triangleq 10 \text{ Gewinnern} \\ 150 \text{ €} \triangleq 20 \text{ Gewinnern} \end{array}\right)$ ·2   (laut Tabelle)

Aufgabe 3

$3 \cdot 0{,}77 \text{ €} + 2 \cdot 0{,}69 \text{ €}$
$= 2{,}31 \text{ €} + 1{,}38 \text{ €}$
$= 3{,}69 \text{ €}$

Jürgen muss 3,69 € bezahlen, gibt aber einen 5-Euro-Schein:
$5{,}00 \text{ €} - 3{,}69 \text{ €} = 1{,}31 \text{ €}$

Jürgen bekommt 1,31 € Wechselgeld zurück.

Aufgabe 4

Hier liegt eine umgekehrt proportionale Beziehung vor, weil die Zahl der Arbeitsstunden umso kleiner wird, je höher die Anzahl der Holzfäller ist.

:5 $\left(\begin{array}{l} 5 \text{ Holzfäller} \triangleq 15 \text{ Stunden} \\ 1 \text{ Holzfäller} \triangleq 75 \text{ Stunden} \\ 3 \text{ Holzfäller} \triangleq 25 \text{ Stunden} \end{array}\right)$ ·5
·3   :3

Aufgabe 5

Person A: Tag 2, 4, 6, 8, 10, 12, 14, 16, 18, $\boxed{20}$, 22, 24 …

Person B: Tag 4, 8, 12, 16, $\boxed{20}$, 24, 28, 32, 36 …

Person C: Tag 5, 10, 15, $\boxed{20}$, 25, 30, 35, 40, 45 …

Es dauert 20 Tage.

3. Modellieren bei geometrischen Problemen

Aufgabe 1

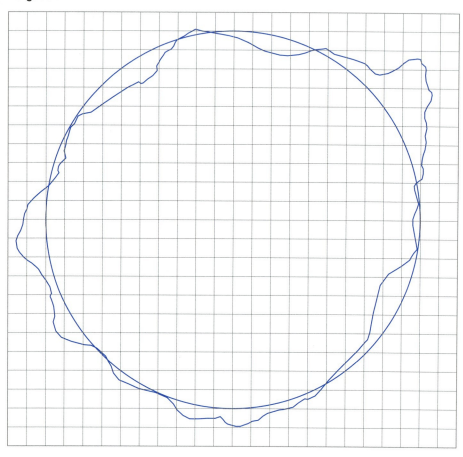

Da die Insel ungefähr kreisförmig ist, kann man den Flächeninhalt mit einem geeigneten Kreis annähernd berechnen.
Radius = 5 cm
$A_K = \pi \cdot r^2 = 3{,}14 \cdot 5^2$
$ = 78{,}5 \text{ cm}^2$

1 cm $\triangleq$ 10 km
1 cm² $\triangleq$ 10 · 10 km = 100 km²

78,5 cm² $\triangleq$ 78,5 · 100 km²
$\phantom{78{,}5 \text{ cm}^2} \triangleq$ 7850 km²

Mathematik-Training

Aufgabe 2

I. Möglichkeit
(2 · Buchbreite) · (2 · Buchhöhe) · (5 · Buchlänge)
= 4 cm · 40 cm · 75 cm

II. Möglichkeit
(1 · Buchhöhe) · (4 · Buchlänge) · (5 · Buchbreite)
= 20 cm · 60 cm · 10 cm

Es gibt noch viele andere Möglichkeiten. Besonders praktisch sind solche Maße, bei denen sich Länge, Breite und Höhe nicht groß unterscheiden.

Aufgabe 3

I. Möglichkeit
Radius des Merkur = 0,4 · Radius der Erde
= 0,4 · 6400 km
= 2560 km

Radius des Jupiter = 11,2 · Radius der Erde
= 11,2 · 6400 km
= 71 680 km

Verhältnis Jupiter zu Merkur: 71 680 : 2560 = 28

II. Möglichkeit
11,2 : 0,4 = 28

Der Radius des Jupiter ist 28-mal so groß wie der Radius des Merkur.

Aufgabe 4

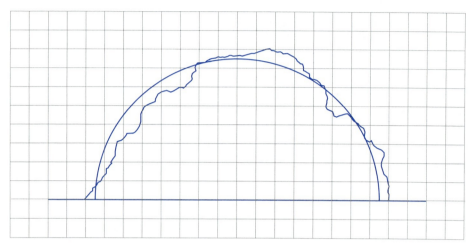

1 cm ≙ 1 m in Wirklichkeit

Die Tunnelöffnung hat in etwa die Form eines Halbkreises mit dem Radius von $7\frac{1}{2}$ Kästchen = 3,75 cm.

Radius des Halbkreises = 3,75 cm

$A_{Halbkreis} = 0{,}5 \cdot \pi \cdot r^2$
$= 0{,}5 \cdot 3{,}14 \cdot (3{,}75)^2$
$\approx 22{,}1 \text{ [cm}^2\text{]}$ (gerundet)

Mit dem Maßstab 1 cm ≙ 1 m ergibt sich ein Flächeninhalt der Tunnelöffnung von ungefähr 22,1 m².

Leitidee Funktionaler Zusammenhang

1. Graphen im Koordinatensystem

Aufgabe 1

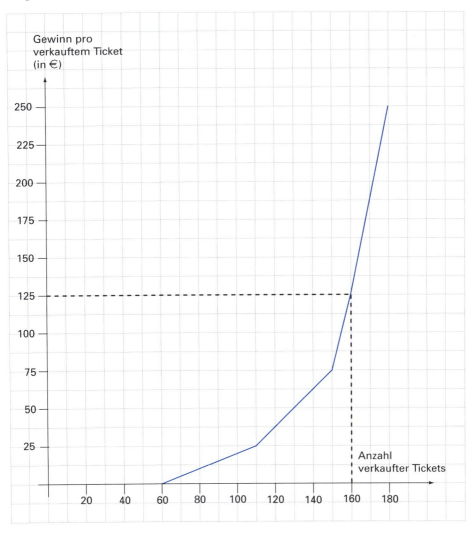

a) Wie man den gestrichelten Linien entnehmen kann, muss die Fluggesellschaft 160 Tickets verkaufen, um 125 € pro Ticket zu erwirtschaften.

Mathematik-Training

b) Der Graph zeigt, dass nach dem 60. verkauften Ticket ein Gewinn erwirtschaftet wird. Die Fluggesellschaft sollte also mindestens 61 Tickets verkaufen, um überhaupt in die Gewinnzone zu gelangen.

Aufgabe 2

Zu Vase [A] gehört Graph ③, weil sich die Vase zu Beginn nur langsam füllt, dann aber stetig schneller, da sie oben immer enger wird.

Zu Vase [B] gehört Graph ①. Hier steigt die Füllhöhe immer langsamer.

Zu Vase [C] gehört Graph ②, weil sich die Vase erst langsam füllt, dann aber immer schneller bis zur Mitte der Vase, wo sie am engsten ist. Danach füllt sich die Vase wieder zunehmend langsamer, weil sie oben erneut breiter wird.

Aufgabe 3

a)
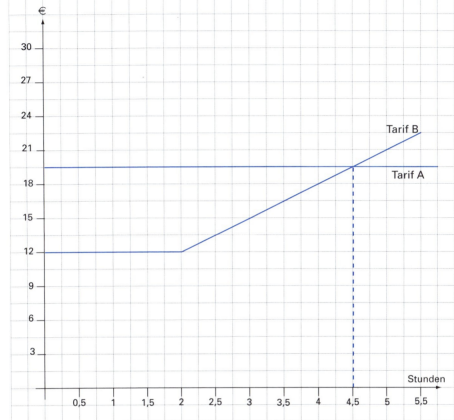

b) Dem Schaubild kann man entnehmen, dass Tarif A (Tageskarte) ab einer Besuchszeit von 4,5 Stunden günstiger ist.

Aufgabe 4

a) Die Wanderer haben vermutlich 5 Pausen gemacht. Im Schaubild sind diese Pausen die Abschnitte, an denen der Graph parallel zur x-Achse verläuft (in diesen Zeiträumen bleibt die Entfernung der Wanderer von ihrem Startpunkt unverändert).
   1. Pause: 15 Minuten (eine Viertelstunde)
   2. Pause: 30 Minuten
   3. Pause: 15 Minuten
   4. Pause: 30 Minuten
   5. Pause: 15 Minuten
   Alle Pausen zusammen: 1 Stunde 45 Minuten.

Mathematik-Training

b) Der Verlauf des Graphen lässt vermuten, dass die Wanderer die ersten 4 Stunden bergauf gewandert sind, da der Graph bis zu diesem Zeitpunkt relativ langsam, aber dennoch stetig ansteigt, das heißt die Wanderer entfernen sich recht langsam aber kontinuierlich vom Startpunkt. Der Abfall des Graphen ab etwa der 4. Stunde lässt zunächst vermuten, dass die Wanderer zu diesem Zeitpunkt ihren Rückweg antreten, denn die Entfernung vom Startpunkt wird kleiner. Die Tatsache, dass der Graph von diesem Zeitpunkt an wesentlich steiler abfällt, als er im ersten Teil ansteigt, deutet daraufhin, dass es hier bergab geht, was ja normalerweise schneller geht als bergauf.

Es sind auch andere Erklärungen für den Verlauf des Graphen denkbar.

Aufgabe 5

Allgemein gilt bei einem Zeit-Weg-Diagramm:
Je schneller eine Bewegung, desto steiler steigt der Graph.

Da Triathleten schneller Rad fahren als laufen, aber auch schneller laufen als schwimmen können, entspricht Schaubild C am besten einem wirklichen Triathlon.

2. Maßstäbe, Anteile, Prozente und Zinsen

Aufgabe 1

a) Das gesamte Quadrat besteht aus 9 Teilquadraten. Die beiden blauen Dreiecke kann man zu einem Teilquadrat zusammenfügen. Ebenso ergänzen sich die beiden blauen Rechtecke zu einem Teilquadrat. Somit ist die blau markierte Fläche insgesamt so groß wie 2 Teilquadrate. Jetzt kann man den Anteil der blauen Fläche am Flächeninhalt des gesamten Quadrats angeben:

2 von 9 = $\frac{2}{9}$

b) Kantenlänge in Zeichnung = 6 cm
Kantenlänge in Wirklichkeit = 6 · 50 cm = 300 cm = 3 m

Aufgabe 2

25% Preisnachlass bedeutet, dass das Fahrrad jetzt noch 75% des ursprünglichen Preises kostet.

$$:3 \left(\begin{array}{l} 75\% \triangleq 375\ \euro \\ 25\% \triangleq 125\ \euro \\ 100\% \triangleq 500\ \euro \end{array} \right) :3 \atop \cdot 4$$

Vor dem Preisnachlass kostete das Fahrrad 500 €.

Aufgabe 3

Formel für Tageszinsen:

$$Z = \frac{K \cdot t \cdot p}{100 \cdot 360} = \frac{2500 \cdot 200 \cdot 3{,}5}{100 \cdot 360}$$

$$= 48{,}61 \ \text{€ (gerundet)}$$

Aufgabe 4

Zeitung A hat recht, wenn man nur die **absoluten** Zahlen der Langzeitarbeitslosigkeit betrachtet. Von Januar 2006 bis Januar 2007 ist die Zahl der Langzeitarbeitslosen um 0,1 Mio gesunken.
Zeitung B hat die statistischen Angaben etwas genauer untersucht und ausgewertet, denn sie vergleicht den **relativen** Rückgang der Langzeitarbeitslosenzahlen mit dem **relativen** Rückgang der Arbeitslosigkeit insgesamt.

relativer Rückgang Langzeit: $\quad \dfrac{0{,}1 \text{ Mio}}{1{,}7 \text{ Mio}} \approx 6\%$

relativer Rückgang Gesamt: $\quad \dfrac{0{,}8 \text{ Mio}}{5{,}0 \text{ Mio}} = 16\%$

Vergleicht man diese beiden Prozentsätze, dann kann man Zeitung B recht geben. Insgesamt hat sich die Arbeitslosigkeit um 16% vermindert, aber im gleichen Zeitraum ist die Langzeitarbeitslosigkeit nur um 6% gesunken.

Aufgabe 5

Wie viel mg Eisen hat Herr Seiler zu sich genommen?

$$:2 \left(\begin{array}{l} 100 \text{ g Kalbsleber} \triangleq 7{,}9 \text{ mg Eisen} \\ 50 \text{ g Kalbsleber} \triangleq 3{,}95 \text{ mg Eisen} \\ 150 \text{ g Kalbsleber} \triangleq 11{,}85 \text{ mg Eisen} \end{array} \right) :2$$
$$\cdot 3 \qquad\qquad\qquad\qquad\qquad\qquad\qquad\qquad\qquad \cdot 3$$

Tagesbedarf an Eisen für Erwachsene:

$$:79 \left(\begin{array}{l} 11{,}85 \text{ mg} \triangleq 79\% \\ 0{,}15 \text{ mg} \triangleq 1\% \\ 15 \text{ mg} \triangleq 100\% \end{array} \right) :79$$
$$\cdot 100 \qquad\qquad\qquad\qquad\qquad \cdot 100$$

Der empfohlene Tagesbedarf beträgt also 15 mg.

Mathematik-Training

Hinführung zu den Wahlaufgaben

Wahlaufgabe 1: Stadtbusse

a) Gesucht ist das kleinste gemeinsame Vielfache der Zahlen 10 und 14:

10, 20, 30, 40 ,50 60, $\boxed{70}$, 80, 90, 100 ...

14, 28, 42, 56, $\boxed{70}$, 84, 98, 112, 126, 140 ...

70 Minuten nach 6:00 Uhr, also um 7:10 Uhr, fahren beide Buslinien laut Fahrplan wieder gemeinsam vom Hauptbahnhof ab.

b)
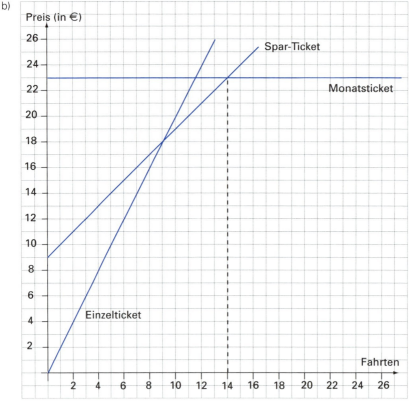

Der gestrichelten Linie kann man entnehmen, dass das Monatsticket ab 14 Fahrten pro Monat die beste Wahl ist.

c) Wissenschaftliche Schreibweise:
3 700 000 = 3,7 · 10^6
4 200 000 = 4,2 · 10^6

Prozentuale Steigerung von 2008 bis 2009:
1. 4 200 000 − 3 700 000 = 500 000
2. $\frac{500\,000}{3\,700\,000} = \frac{5}{37} \approx 0{,}135 = 13{,}5\%$

Wahlaufgabe 2: Weingläser

a) $\text{Volumen}_{Kegel} = \frac{1}{3} \pi \cdot r^2 \cdot h$

$V_K = \frac{1}{3} \cdot 3{,}14 \cdot 5^2 \cdot h$

$222{,}4 = \frac{1}{3} \cdot 3{,}14 \cdot 5^2 \cdot h$

$222{,}4 = 26{,}17 \cdot h$

$\frac{222{,}4}{26{,}17} = h$

h = 8,5 cm (gerundet)

b) Wenn man die Gläser nebeneinander stellt, ist der Durchmesser des Kelches oben (10 cm) gleich der „Breite" eines Glases. Die Höhe eines Glases ist 6 cm + 8,5 cm = 14,5 cm.

I. Möglichkeit

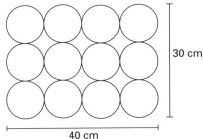

30 cm

40 cm

Damit hat der Karton die Abmessungen:
Länge: 40 cm
Breite: 30 cm
Höhe: 14,5 cm

Mathematik-Training

II. Möglichkeit

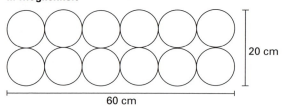

Länge: 60 cm
Breite: 20 cm
Höhe: 14,5 cm

c) Insgesamt fasst ein Glas bis an den Rand 222,4 ml. In einer 0,7-Liter-Flasche Rotwein sind 700 ml.

$$:700 \left(\begin{array}{c} 700 \text{ ml} \triangleq 100\% \\ 1 \text{ ml} \triangleq 0,143\% \\ 222,4 \text{ ml} \triangleq 31,8\% \end{array} \right) :700$$
$$\cdot 222,4 \qquad \qquad \cdot 222,4$$

Eine andere Berechnungsmöglichkeit:

$$\frac{222,4}{700} = 0,317714 \ldots = 31,8\% \text{ (gerundet)}$$

Wahlaufgabe 3: Yellowstone Nationalpark

a) Besucher (in Mio)

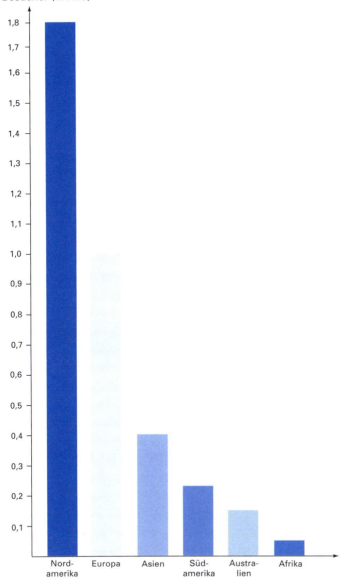

Mathematik-Training

b) 2009 ≙ 100%
2010 ≙ 110%

$$:110 \begin{pmatrix} 110\% \triangleq 3{,}64 \text{ Mio} \\ 1\% = 0{,}0331 \text{ Mio} \\ 100\% = 3{,}31 \text{ Mio} \end{pmatrix} :110$$
$$\cdot 100 \qquad\qquad\qquad\qquad\qquad \cdot 100$$

c) Ende des 1. Tages = 80 ha
Ende des 2. Tages = 80 ha · 3 = 240 ha
Ende des 3. Tages = 80 ha · 3 · 3 = 720 ha
Ende des 4. Tages = 80 ha · 3 · 3 · 3 = 2160 ha
Ende des 5. Tages = 80 ha · 3 · 3 · 3 · 3 = 6480 ha

6480 ha = 64,8 km²

Wahlaufgabe 4: Schwimmbad

a) Das Becken hat die Form eines Quaders. Also braucht man die Volumen-Formel eines Quaders. Außerdem muss man die Maße umrechnen. Da 1 l = 1 dm³ ist, sollten alle Längen in dm und alle Volumina in l umgerechnet werden.

14 400 hl = 1 440 000 l
50 m = 500 dm
2 m = 20 dm
8 · 2 m = 16 m = 160 dm

Volumen des Beckens:
V = a · b · c (Länge · Breite · Tiefe)

1 440 000 = 500 · 160 · c
1 440 000 = 80 000 · c

$$c = \frac{1\,440\,000}{80\,000} \text{ dm}$$

$$c = \frac{144}{8} \text{ dm}$$

c = 18 dm
c = 1,8 m

b) Da mehr Pumpen weniger Zeit benötigen, liegt eine umgekehrt proportionale Beziehung vor:

$$:3 \begin{pmatrix} 3 \text{ Pumpen} \triangleq 15 \text{ Stunden} \\ 1 \text{ Pumpe} \triangleq 45 \text{ Stunden} \\ 5 \text{ Pumpen} \triangleq 9 \text{ Stunden} \end{pmatrix} \cdot 3$$
$$\cdot 5 \qquad\qquad\qquad\qquad\qquad\qquad :5$$

c) Flächeninhalt eines Drachens: $A = \frac{e \cdot f}{2}$

20 · f = 50 m   e = 2 m (Breite einer Bahn)

$f = \frac{50 \text{ m}}{20} = 2{,}5 \text{ m}$

Also: $A = \frac{e \cdot f}{2} = \frac{2 \cdot 2{,}5}{2} = 2{,}5 \text{ m}^2$

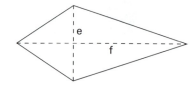

Mathematik-Prüfung 2009

Grundkenntnisse

Aufgabe 1

Die Zahl der Kommastellen vor der Multiplikation entspricht der Zahl der Nachkommastellen danach.

175 · 328 = 57 400 ⇒ Also zum Beispiel 1,75 · 32,8 = 57,400
525   oder 0,175 · 328 = 57,400 usw.
 350
 1400
57 400

Aufgabe 2

Diagramm C passt.

Zu Beginn legt Tom in größerer Zeit wenig Weg zurück, worauf er danach genau dieselbe Strecke in weniger Zeit in umgekehrter Richtung rennt. Dann rennt er wieder in hohemTempo zurück zur Bushaltestelle und von dort fährt er in noch größer Geschwindigkeit mit dem Bus weiter.

Aufgabe 3

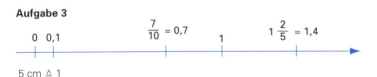

5 cm ≙ 1

Aufgabe 4

A $V = (2\ \text{cm})^3 = 8\ \text{cm}^3$

B $V = G \cdot h = \left(\frac{1}{2} \cdot 3\ \text{cm} \cdot 1\ \text{cm}\right) \cdot 4\ \text{cm} = 6\ \text{cm}^3$

C $V = 2{,}5\ \text{cm} \cdot 1{,}5\ \text{cm} \cdot 2\ \text{cm} = 7{,}5\ \text{cm}^3$

D $V = \pi r^2 \cdot h = \pi (1\ \text{cm})^2 \cdot 2{,}5\ \text{cm} = \pi \cdot 2{,}5\ \text{cm}^3 \approx 7{,}85\ \text{cm}^3$
   $\pi \approx 3{,}14$

C ist der gesuchte Körper.

Mathematik-Prüfung 2009

Aufgabe 5

12 → 9 → 18 → 15 → 30 → 27 → **54**

−3 ·2 −3 ·2 −3 ·2

Aufgabe 6

- A   O = 4 · 5 + 2 = 22
- B   O = 4 + 4 + 3 + 3 + 3 + 3 = 20
- C   O = 5 + 5 + 3 + 3 + 3 + 3 = 22
- D   O = 3 + 3 + 5 + 5 + 3 + 3 = 22

- B   hat die kleinste Oberfläche.

Aufgabe 7

150 € ≙ 100%

1 € ≙ $\frac{100}{150}$% = $\frac{2}{3}$%   bzw. $100 \cdot \frac{1}{150} \cdot 45\% = 30\%$

45 € ≙ $45 \cdot \frac{2}{3}$% = 30%

Die Klasse spendet 30%.

Aufgabe 8

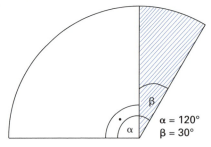

α = 120°
β = 30°

25% ≙ $\frac{1}{4}$

⇒ 25% von 120° sind 30°.

Aufgabe 9

$7x + 12 - x = 24 - 4x + 12$ | -12
$6x = 24 - 4x$ | $+4x$
$10x = 24$
$\Rightarrow \quad x = 2{,}4$

Aufgabe 10

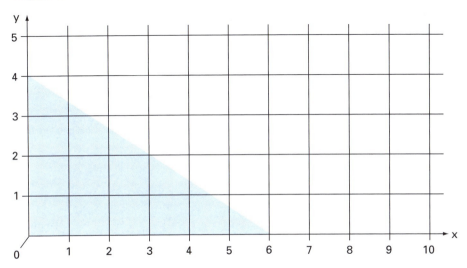

Das gefärbte Dreieck hat den Flächeninhalt $A = 12 \text{ cm}^2$, dann $\frac{1}{2} \cdot 4 \text{ cm} \cdot 6 \text{ cm} = 12 \text{ cm}^2$.
Es gibt mehrere mögliche Dreiecke.

Mathematik-Prüfung 2009

Wahlaufgaben

Aufgabe 1

a) Länge des Bastelbogens: 9 cm. Das heißt 9 cm ≙ 720 cm.

Das heißt der Maßstab ist $\frac{1}{80}$.

b) Wassermenge im Keller:
$V = 110 \text{ dm} \cdot 80 \text{ dm} \cdot 5 \text{ dm} = 44\,000 \text{ dm}^3 = 44\,000 \text{ l}$

Beachte
$1 \text{ m} = 1 \text{ dm}$, $1 \text{ m}^3 = 1000 \text{ dm}^3$, $1 \text{ dm}^3 = 1 \text{ l}$

$t = \dfrac{44\,000 \text{ l}}{8000 \frac{\text{l}}{\text{min}}} = \dfrac{44}{8} \text{ min} = 5\frac{1}{2} \text{ min}$

Die Feuerwehr benötigt $t = 5\frac{1}{2}$ min.

c) **Satz des Pythagoras**
$a^2 + b^2 = c^2$ a, b = Katheten, c = Hypothenuse im rechtwinkligen Dreieck

$(12 \text{ m})^2 + h^2 = (20 \text{ m})^2$ $| - 12 \text{ m}^2$
$\qquad\qquad h^2 = (20 \text{ m})^2 - (12 \text{ m})^2$
$\qquad\qquad h^2 = 256 \text{ m}^2$ $| \sqrt{}$
$\qquad\qquad h = 16 \text{ m}$

Die Rettungshöhe ist 16 m.

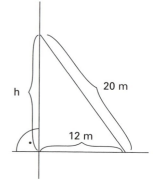

Aufgabe 2

a) 1. Bei der Umfrage zur Lesezeit konnte man mehrere Angaben machen. Die Summe der Prozentpunkte ist größer als 100. Dies ergibt Sinn, denn man kann unter anderem mehrmals am Tag lesen.

    2. 1,5% machten keine Angaben.

       1,5% von 4800 sind $4800 \cdot \dfrac{1{,}5}{100} = 72$

       Es haben also 72 Personen keine Angaben gemacht.

b) Entnehme Maße aus maßstabsgetreuer Skizze:
Größe einer Seite: Breite 4,9 cm, Höhe 7,1 cm
⇒ Flächeninhalt $A_S = 4{,}9 \text{ cm} \cdot 7{,}1 \text{ cm} = 34{,}79 \text{ cm}^2$
Größe der großen Anzeige: b = 4,5 cm, h = 1,7 cm
⇒ $A_{grA} = 4{,}5 \text{ cm} \cdot 1{,}7 \text{ cm} = 7{,}65 \text{ cm}^2$

Größe der kleinen Anzeige: b = 2,2 cm, h = 1 cm
$\Rightarrow A_{klA} = 2{,}2 \text{ cm} \cdot 1 \text{ cm} = 2{,}2 \text{ cm}^2$
Gesamte Werbefläche: $A_{ges} = A_{grA} + A_{klA} = 9{,}85 \text{ cm}^2$

Prozentual benötigtes Teil: $\frac{9{,}85 \text{ cm}^2}{34{,}79 \text{ cm}^2} = 0{,}28$, also ca. 28%.

Beachte
Etwaige Messfehler können das Ergebnis variieren lassen.

c) Zeitungsrolle: $3{,}50 \text{ m} \cdot 220 \text{ m} = 770 \text{ m}^2$
Maße eines Zeitungsblattes:
$A = 50{,}4 \text{ cm} \cdot 66{,}4 \text{ cm} = 3346{,}56 \text{ cm}^2 = 0{,}334656 \text{ m}^2$

$$1 \text{ m}^2 \triangleq 10\,000 \text{ cm}^2$$

Anzahl möglicher Blätter: $770 \text{ m}^2 : 0{,}334656 \text{ m}^2 = 2300{,}87$

Es können also 2300 Blätter hergestellt werden.

Aufgabe 3

a) Einnahmen gesamt: 364,50 €
Einnahmen durch Erwachsene: $32 \cdot 4{,}50 \text{ €} = 144 \text{ €}$
Also:
Einnahmen durch Kinder: $364{,}50 \text{ €} - 144 \text{ €} = 220{,}50 \text{ €}$

Anzahl der Kinder: $\frac{220{,}50 \text{ €}}{3{,}50 \text{ €}} = 63$

Es sind 63 Kinder mitgefahren.

b) $$1 \text{ l} = 1 \text{ dm}^3 = 0{,}001 \text{ m}^3 \qquad V_{Quader} = a \cdot b \cdot c$$

$V = 40\,000 \text{ l} = 40\,000 \text{ dm}^3 \quad c = 0{,}8 \text{ cm} = 8 \text{ dm}$

$40\,000 \text{ dm}^3 = 8 \text{ dm} \cdot a \cdot b \qquad | : 8 \text{ dm}$
$\phantom{40\,000 \text{ dm}^3} 5000 \text{ dm}^2 = a \cdot b$

Annahme: Eine Seite habe 10 m = 100 dm
$5000 \text{ dm}^2 = 100 \text{ dm} \cdot b \quad \Leftrightarrow \quad s = 50 \text{ dm} = 5 \text{ m}$

Es dürfen also die Seitenlängen zwischen 5 m und 10 m variieren, wobei immer $a \cdot b = 5000 \text{ dm}^2$ sein muss.

Mathematik-Prüfung 2009

c) Es sind 36 Gondeln. Der Winkel α zwischen zwei Gondeln ist 10°.
Der Kreisbogen a umschließt 6 Gondeln also β = 60°.

> Kreisumfang U = πd, Kreisbogenlänge a = $\frac{\beta}{360°}$ U

$a = \frac{\beta}{360°} U = \frac{\beta \pi d}{360°}$

$27,6 \text{ m} = \frac{60°}{360°} \cdot \pi \cdot d$ | : π | : $\frac{1}{6}$

d = 52,71 m

Der Durchmesser des Riesenrades ist d = 52,71 m.

Aufgabe 4

a) Zum Beispiel:

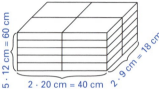

12 cm
20 cm
= ein Päckchen wie in der Aufgabe
⇒ Karton mit 20 Päckchen

b) Der Bauer erhält 3%. Also 14 € · $\frac{3}{100}$ = 0,42 €

Er erhält 0,42 €.

c) Eine Tafel wiegt 100 g = 0,1 kg
Gesamtkonsum aller Bürger:
82 000 000 · 9,2 kg = 754 400 000 kg
Anzahl der gegessenen Tafeln:
754 400 000 kg : 0,1 kg = 7 544 000 000
Höhe des Turms:
7 544 000 000 · 1 cm = 7 544 000 000 cm = 75 440 km

> 1 cm ≙ 0,01 m ≙ 0,000 01 km

Der Turm wäre 75 440 km hoch.

Mathematik-Prüfung 2010

Grundkenntnisse

Aufgabe 1

Addiere die beiden Zahlen, die abgezogen werden sollen. Addiere die übrigen Zahlen. Ziehe die 1. Summe von der 2. Summe ab.

```
   277,60 €          125,03 €         656,20 €
 + 126,91 €        + 322,17 €       − 404,51 €
   404,51 €        + 209,00 €         251,69 €
                    656,20 €
```

Aufgabe 2

Überschlagen.
29,06 ≈ 30
93 439,524 ≈ 90 000
30 · $\boxed{3000}$ = 90 000

Rechnen mithilfe der Umkehraufgabe.
 93439,524 : 29,06
 9343 952,4 : 2906 = 3 …
 − 8718
    6259   Die fehlende Ziffer ist 3.
    ⋮

Aufgabe 3

Umwandeln der Zahlen, so dass alle die Form a · 10^{10} haben.
$1{,}67 \cdot 10^{10} < 4 \cdot 10^{10} < 35 \cdot 10^{10} < 100 \cdot 10^{10}$

Aufgabe 4

Umfang des Rechtecks:
U = 2a + 2b = 30 cm
     a + b = 15 cm

Lösungsmöglichkeiten (z. B.)
a = 8 cm, b = 7 cm, A = 56 cm^2
a = 10 cm, b = 5 cm, A = 50 cm^2

Aufgabe 5

$7 + 3x - 1{,}5 = 3x + 2{,}5 + x$ | − 3x
      $7 - 1{,}5 = 2{,}5 + x$ | − 2,5
$7 - 1{,}5 - 2{,}5 = x$
            $3 = x$

Mathematik-Prüfung 2010

Aufgabe 6

Netz Nr. 3 ergibt keinen Quader.

Aufgabe 7

Die 8 Würfel an den Ecken haben je 3 ungefärbte Flächen, die beiden Würfel in der Mitte der Grund- und Deckfläche haben je 5 ungefärbte Flächen, die restlichen 8 Würfel haben je 4 ungefärbte Flächen.

$8 \cdot 3 + 2 \cdot 5 + 8 \cdot 4 = 24 + 10 + 32 = 66$

66 Flächen sind ungefärbt.

Aufgabe 8

Der neue Preis beträgt 75% = $\frac{3}{4}$ des alten Preises.

$\frac{156 \cdot 4}{3} = 208$

$\frac{74{,}25 \cdot 4}{3} = 99$ Dieser Preis wurde um 25% reduziert.

$\frac{41{,}30 \cdot 4}{3} = 55{,}0\overline{6}$

$\frac{55{,}25 \cdot 4}{3} = 73{,}\overline{6}$

Der Preis des Rocks wurde reduziert.

Aufgabe 9

Fußball: 60%
Handball: 25%
Eishockey: 15%

Die Kreisdiagramme 2 und 3 enthalten keine Kreissegmente, die größer als 50% sind. Kreisdiagramm 1 enthält kein Segment, das genau $\frac{1}{4}$ des Kreises (25%) entspricht.

Kreisdiagramm 4 passt.

Aufgabe 10

Volumen des Quaders:
$V_1 = a \cdot b \cdot c = 10 \text{ cm} \cdot 10 \text{ cm} \cdot 1 \text{ cm} = 100 \text{ cm}^3$

Volumen des Zylinders:
$V_2 = r^2 \cdot \pi \cdot h = 1 \text{ cm}^2 \cdot 3{,}14 \cdot 2 \text{ cm}$
$ = 6{,}28 \text{ cm}^3$

$V_1 + V_2 = 106{,}28 \text{ cm}^3$

Mathematik-Prüfung 2010

Wahlaufgaben

Aufgabe 1

a)
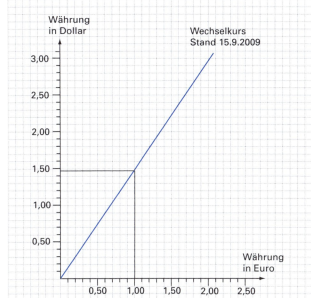

▶ abgelesener Wert: 1,40 bis 1,50 Dollar
▶ 140 $ ≙ 100 €

$$250\ \$ ≙ \frac{100 \cdot 250}{140}\ € ≈ 179\ €$$

Wenn mit 1,50 Dollar gerechnet wird, ergeben sich 167 Euro.

b) 17,6 Milliarden Euro entsprechen 176 Millionen 100-€-Scheinen.
Ein 100-€-Schein wiegt 1,02 g.
176 Millionen 100-€-Scheine wiegen 1,02 g · 176 000 000
= 179 520 000 g
= 179 520 kg

c) Die Länge des Automatenschlitzes beträgt 20 mm. Der Durchmesser der Münzen darf also höchstens 20 mm betragen.
$U = d \cdot \pi$
Der Umfang darf höchstens 20 mm · π betragen, also 62,8 mm.

Mathematik-Prüfung 2010

▶ Aus der Tabelle ist ersichtlich, dass nur die 1-Cent-Münze und die 10-Cent-Münze einen kleineren Umfang haben.
1-Cent-Münze: 59,85 : π = 19,05
10-Cent-Münze: 56,27 : π = 17,91
▶ Für die 1-Dollar-Münze ergibt sich der Durchmesser d = 83,25 mm : π = 26,5 mm

Der Schlitz müsste wenigstens 26,5 mm hoch sein.

Aufgabe 2

a) V = l · b · h

Lösungsbeispiele:
V (160 000 cm³) = 40 cm · 40 cm · 100 cm
oder   V = 20 cm · 80 cm · 100 cm
oder   V = 50 cm · 40 cm · 80 cm
(Weitere Lösungen sind möglich.)

b) 100% – 200 l
   20% – 40 l
Katja tauscht 40 l aus.

Volumen des Gefäßes:
V = r² · π · h
  = (5 cm)² · π · 17 cm
  = 1335 cm³ = 1,335 l   1000 cm³ = 1 l

40 l : 1,335 l ≈ 30

Wenn das Gefäß jedes Mal randvoll ist, muss Katja 30-mal schöpfen.

c) Es gibt mehrere Lösungsmöglichkeiten:

z. B.	5 Zebrabärblinge, Gesamtlänge	30 cm
	5 Neonfische, Gesamtlänge	20 cm
	10 Guppys, Gesamtlänge	50 cm
		100 cm
oder	5 Zebrabärblinge, Gesamtlänge	30 cm
	5 Brokatbarben, Gesamtlänge	40 cm
	6 Guppys, Gesamtlänge	30 cm
		100 cm

Aufgabe 3

a) 250 m (ablesen aus der Grafik)
   Anstiege: von 100 m auf 250 m: 150 m
             von 50 m auf 200 m: 150 m
                         Gesamt: 300 m
   Abfahrt: von 250 m auf 50 m: 200 m

Mathematik-Prüfung 2010

b) 32% von 500 Personen: 160 Personen nahmen am Radrennen teil.
60% von 160 Personen: 96 Personen

96 Frauen nahmen am Radrennen teil.

c)
Etappe	1	2	3
Länge in km	50 – 60	80 – 90	60 – 70
Länge in mm (in der Zeichnung)	22,5 – 27	36 – 40,5	27 – 31,5

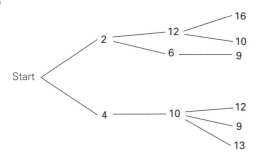

Aufgabe 4

a)   1 sec ≙ 15 m   1 Std = 3600 sec
3600 sec ≙ 54 000 m = 54 km

Der Ball hat auf dieser Strecke eine Durchschnittsgeschwindigkeit von 54 $\frac{km}{h}$.

b) Die Schillerschule und die Fröbelschule erhalten je 2 Punkte dazu.

Endstand:

Platz	Mannschaft	Punkte
1	Fröbelschule	**5**
2	Uhlandschule	4
3	**Schillerschule**	3
4	Petersenschule	2

Die Fröbelschule hat 5 Punkte.
Die Schillerschule ist auf dem 3. Platz.

c) Länge der Diagonale des Spielfeldes: d

$d = \sqrt{(40 \text{ m})^2 + (20 \text{ m})^2} = 44{,}7$ m

Gesamtlänge der durchlaufenen Strecke:
5 · (44,7 m · 2 + 40 m · 2) = 847 m

Mathematik-Prüfung 2011

Grundkenntnisse

Aufgabe 1

Überschlagsrechnung:
$300 \cdot 500 = 150\,000$

Das Ergebnis hätte 3 Stellen zuviel, die bei den beiden Faktoren 293 bzw. 485 insgesamt abgestrichen werden müssen, also

29,3 · 4,85   oder

2,93 · 48,5

Weitere Lösungen sind möglich:
293 · 0,485 oder 0,293 · 485 u.a.

Aufgabe 2

Beachte „Punkt – vor – Strich" und die Vorzeichenregeln!
$17 + 9 \cdot (-9) + (-14) =$
$17 - 81 - 14 =$
$17 - (81 + 14) =$
$17 - 95 = -78$

Die Rechnung wird einfacher, wenn die Summanden vertauscht werden:
$17 + (-14) + 9 \cdot (-9) =$
$17 - 14 - 81 =$
$3 - 81 = -78$

Aufgabe 3

$\frac{1}{8} = 0{,}125$

Zwischen 0,125 und 0,2 liegen z. B. die Zahlen 0,126; 0,13; 0,15; 0,18; 0,1999 und noch unendlich viele andere.

Aufgabe 4

Der abgebildete Quader hat das Volumen
$V = 10\,\text{cm} \cdot 10\,\text{cm} \cdot 10\,\text{cm} = 1000\,\text{cm}^3$

Wird nun ein Faktor vervielfacht, muss ein anderer entsprechend geteilt werden, damit das Produkt gleich bleibt.

a	b	c
5 cm	20 cm	10 cm
50 cm	2 cm	10 cm
5 cm	40 cm	5 cm

usw.

Mathematik-Prüfung 2011

Aufgabe 5

Der Körper 1 hat 12 + 9 Kanten (Quader und ausgeschnittenes Dreiecksprisma) = 21 Kanten
Der Körper 2 hat in der Breite, Höhe und Tiefe je 6 Kanten = 18 Kanten
Der Körper 3 hat 12 + 12 Kanten (Quader und ausgeschnittener Quader) = 24 Kanten
Der Körper 4 hat 9 + 12 Kanten (Dreiecksprisma und ausgeschnittener Quader) = 21 Kanten

Körper Nr. 3 hat die meisten Kanten.

Aufgabe 6

Durch Auszählen der Kästchen und Kästchenteile kommt man auf 16 bis 18 cm².

Aufgabe 7

Mögliche Lösungen:

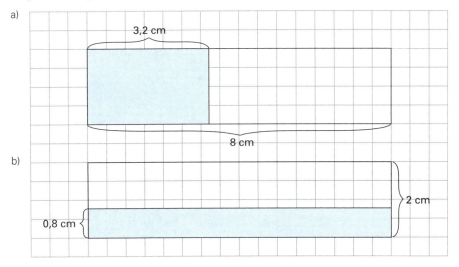

Aufgabe 8

Der Preisunterschied beträgt:
1200 € − 1020 € = 180 €

1200 € ≙ 100%

$$180 \text{ €} \triangleq \frac{100 \cdot 180}{1200}\% = \frac{180}{12}\% = 15\%$$

Der Preis des Fahrrads wurde um 15% reduziert.

Mathematik-Prüfung 2011

Aufgabe 9

$5 + 3{,}5x + 10 = -2{,}5x + 3$ | zusammenfassen
$15 + 3{,}5x = -2{,}5x + 3$ | $+ 2{,}5x$
$15 + 6x = 3$ | -15
$6x = -12$ | $: 6$
$x = -2$

Aufgabe 10

Aus dem linken Diagramm sind die Anzahlen der Medaillen ersichtlich:
Gold: 11   Silber: 4   Bronze: 9

Das rechte Diagramm zeigt:
Sportler 3 hat insgesamt 7 Medaillen erworben, davon 3 Gold, 0 Silber, also 4 Bronze.
Sportler 2 hat 3 Gold-, 1 Silber- und 2 Bronzemedaillen erworben.
Für Sportler 1 bleiben also neben seinen 5 Goldmedaillen je 3 in Silber und Bronze.

	Gold (11)	Silber (4)	Bronze (9)	Gesamt
Sportler 1	5	3	3	11
Sportler 2	3	1	2	6
Sportler 3	3	0	4	7

Wahlaufgaben

Aufgabe 1

a) **Frage 1:** Wie viele Schülerinnen und Schüler kauen täglich Kaugummi?

100 % ≙ 380 Schüler

35 % ≙ $\frac{380 \cdot 35}{100}$ Schüler = 133 Schüler

133 Schülerinnen und Schüler kauen täglich Kaugummi.

Frage 2: Stimmt diese Aussage?

Aus dem Diagramm ist ersichtlich:
140 Schüler kauen am liebsten Drageekaugummis
 85 Schüler kauen Kugeln (das ist mehr als die Hälfte)

Die Aussage stimmt also nicht.
Der direkte Vergleich der Balkenlängen ist in diesem Diagramm nicht aussagekräftig, weil die Balken nicht vollständig gezeichnet sind
(erst ab 50 Schüler).

b) Volumen des Behälters mit der Kaugummimasse (Zylinder):
$V = r^2 \cdot \pi \cdot h$
$ = \left(\dfrac{1,9 \text{ m}}{2}\right)^2 \cdot \pi \cdot 2,4 \text{ m}$
$ = 0,9025 \text{ m}^2 \cdot \pi \cdot 2,4 \text{ m}$
$ = 6,804690 \text{ m}^3$
$ = 6\,804\,690 \text{ cm}^3$

Der Behälter ist nur zur Hälfte gefüllt.
Das Volumen der Kaugummimasse beträgt also
$V = 3\,402\,345 \text{ cm}^3$

Ein Kaugummistreifen hat das Volumen:
V = Länge · Breite · Dicke
$V = 7,5 \text{ cm} \cdot 2,0 \text{ cm} \cdot 0,2 \text{ cm} = 3 \text{ cm}^3$

Anzahl der Streifen:
$3\,402\,345 \text{ cm}^3 : 3 \text{ cm}^3 = 1\,134\,115$

(Wenn man das Volumen des Behälters auf 6,8 m^3 rundet, ergeben sich auf dem gleichen Rechenweg 1 133 333 Kaugummistreifen.)

Aus der Rohmasse kann man höchstens 1 134 115 Streifen herstellen.

c) $5,35 \cdot 7,5 \text{ cm} \cdot 10^8 = 40,125 \cdot 10^8 \text{ cm}$
$\phantom{5,35 \cdot 7,5 \text{ cm} \cdot 10^8\,} = 40,125 \cdot 10^6 \text{ m}$
$\phantom{5,35 \cdot 7,5 \text{ cm} \cdot 10^8\,} = 40,125 \cdot 10^3 \text{ km}$
$\phantom{5,35 \cdot 7,5 \text{ cm} \cdot 10^8\,} = 40\,125 \text{ km}$

Die Strecke wäre 40 125 km lang.

$890 \text{ km} \triangleq 1 \text{ h}$
$40\,125 \text{ km} \triangleq \dfrac{40\,125}{890} \text{ h} = 45,08 \text{ h} \approx 45 \text{ Stunden}$

Mathematik-Prüfung 2011

Aufgabe 2

a) Aus der Zeichnung ist die Höhe h = 6 cm abzulesen.
6 cm · 1000 = 6000 cm
= 60 m

Die Nabenhöhe beträgt 60 Meter.

b) $25 \, \frac{m}{s} \, \triangleq \, 25 \cdot 3600 \, \frac{m}{h} = 90\,000 \, \frac{m}{h}$
$= 90 \, \frac{km}{h}$

Das entspricht laut Tabelle der Windstärke 10.

c) Die Gesamthöhe g der Windkraftanlage setzt sich aus der Nabenhöhe und dem Radius des Rotors zusammen. (r = $\frac{1}{2}$ d = 45 m)
g = 95 m + 45 m = 140 m

Mithilfe des Satzes des Pythagoras lässt sich der maximale Schattenwurf errechnen:

$$\begin{aligned}\text{s (Strecke des maximalen Schattenwurfs)} &= \sqrt{(235 \text{ m})^2 - g^2} \\ &= \sqrt{(235 \text{ m})^2 - (140 \text{ m})^2} \\ &= \sqrt{55\,225 \text{ m}^2 - 19\,600 \text{ m}^2} \\ &= \sqrt{35\,625 \text{ m}^2} \\ &= 188,7 \text{ m} \approx 189 \text{ m}\end{aligned}$$

Das Haus muss mindestens 189 m entfernt stehen, damit es nicht vom maximalen Schattenwurf erfasst wird.

Aufgabe 3

a) Fläche des Notizblockblatts:
A = 10 cm · 10 cm = 100 cm²

Fläche aller Blätter:
500 · 100 cm² = 50 000 cm² = 5 m²

1 m² wiegt 80 g
5 m² wiegen 5 · 80 g = 400 g

b) 1. Angebot
500 · (1,45 € + 0,56 €) =
500 · 2,01 €   = 1005 €
100% $\triangleq$ 1005 €
119% $\triangleq \frac{119 \cdot 1005}{100}$ € = 1195,95 €

2. Angebot
500 · 1,95 € = 975 €
975 € · 1,19 = 1160,25 €
1160,25 € + 30 € = 1190,25 €

3. Angebot
1130 €

Der Unterschied zwischen dem günstigsten Angebot (Nr. 3: 1130 €) und dem teuersten (Nr. 1: 1195,95 €) beträgt 65,95 €.

Mathematik-Prüfung 2011

c) Der Block ist 12 cm = 120 mm hoch.
   120 mm : 0,1 mm = 1200

   Es sind 1200 Blätter.

   $x^2 \leq 1200$ (dabei ist x die Anzahl der Blätter in einer Reihe des Quadrats)
   $x = \sqrt{1200}$
   $= 34{,}64$

   Für eine Seite des größtmöglichen Quadrats benötigt man 34 Blätter, insgesamt also $34^2 = 1156$ Blätter.

Aufgabe 4

a) **Rechenweg 1** (Tims Alter in Sekunden)

   11 · 365 Tage = 4015 Tage
   4015 Tage + 2 Schalttage (2004 und 2008) = 4017 Tage
   4017 · 24 Stunden = 96 408 Std.
   96 408 Tage · 3600 Sekunden = 347 068 800, das sind ungefähr
   350 Millionen Sekunden.

   Rechenweg 2 (1 Milliarde Sekunden in Jahren)

   1 000 000 000 s : 3600 s = 277 777
   277 777 h : 24 h = 11 574 Tage
   11 574 Tage : 365 Tage = 31,7 Jahre (hier sind die Schaltjahre nicht berücksichtigt)

   Tims Behauptung ist also falsch.

b) Der Gesamtwinkel eines Kreises beträgt 360°.
   Jedes der 10 Kreissegmente muss also mit 36° gezeichnet werden.

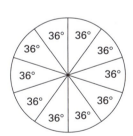

c)

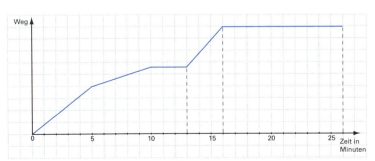

Mathematik-Prüfung 2012

Grundkenntnisse

Aufgabe 1

```
   5 3 8
 + 1 6 4
   ─────
   7 0 2
```

Das ist **eine** der möglichen Lösungen. Die Ziffern in den Einer-, Zehner-, bzw. Hunderterstellen können auch vertauscht werden, also z. B. 134 + 568 = 702 oder 138 + 564 = 702. Es gibt insgesamt 4 (durch Vertauschen der Summanden 8) verschiedene Lösungen.

Vorgehensweise zur Lösung: Die Zahl 2 ist als Summe zweier **verschiedener** Zahlen aus der Reihe 1, 3, 4, 5, 6, 8 nicht möglich, die Zahl 12 kann nur durch 4 + 8 gebildet werden. Durch den Übertrag (1) ergibt sich als nächste Summe 9 als Addition von 3 und 6. Die übrigen zwei Ziffern 5 und 1 ergeben mit dem Übertrag als Summe 7.

Aufgabe 2

Überschlagsrechnung: 160 000 : 40 = 4000

40	400	4000	40 000
☐	☐	☒	☐

Aufgabe 3

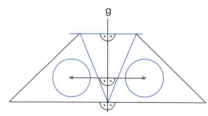

Zeichnung ist verkleinert dargestellt

Aufgabe 4

Rechnung: $100\% \;\triangleq\; 89\,€$

$80\% \;\triangleq\; \dfrac{89 \cdot 80}{100} = 71{,}20\,€$

Die Aussage stimmt nicht. Mit 20% Nachlass müsste der neue Preis 71,20 € betragen.

Eine weitere Rechnung wäre möglich:
$80\% \;\triangleq\; 75\,€$

$100\% \;\triangleq\; \dfrac{75 \cdot 100}{80} = 93{,}75\,€$

Der ursprüngliche Preis hätte 93,75 € betragen müssen, wenn der neue Preis bei 20% Rabatt 75 € beträgt.

Mathematik-Prüfung 2012

Aufgabe 5

Zu $\frac{1}{3}$ passt die Darstellung D.

Zu 55% passt die Darstellung A.

C und D zeigen jeweils $\frac{3}{4}$ oder 75% an.

Aufgabe 6

2   6   3   9   6   18   15

Aufgabe 7

$10 \cdot (x - 5) + 12 = 2x - 6$ | Klammer ausrechnen
$10x - 50 + 12 = 2x - 6$ | $-2x$
$8x - 50 + 12 = -6$ | $+ 50 - 12$
$8x = 32$ | $: 8$
$x = 4$

Probe: $10(4 - 5) + 12 = 2 \cdot 4 - 6$
$10 \cdot (-1) + 12 = 8 - 6$
$-10 + 12 = 2$
$\underline{\underline{2 = 2}}$

Aufgabe 8

Hier sind die Zahlen in Reihe 6 zu addieren, also $3 + 2 + 0 + 3 = 8$

In der Zelle F6 steht die Zahl 8.

Aufgabe 9

Das Volumen einer Pyramide beträgt $\frac{1}{3}$ des Volumens des Quaders mit gleicher Grundfläche und gleicher Höhe.
Der abgebildete Quader ist doppelt so hoch wie die abgebildete Pyramide.
Sie muss also 6-mal gefüllt werden, um den Quader vollständig zu befüllen.

Mathematik-Prüfung 2012

Aufgabe 10

Der abgebildete Körper lässt sich in einen Quader mit den Maßen 5 cm · 2 cm · 2 cm und 5 gleichen Dreieckprismen mit der Grundfläche 2 cm · 1 cm und der Höhe 2 cm zerlegen.

V (Quader) = 5 cm · 2 cm · 2 cm = 20 cm³

V (Prismen) = 5 · $\frac{2\,cm\,\cdot\,1\,cm\,\cdot\,2\,cm}{2}$ = 5 · 2 cm³ = 10 cm³

Der Körper hat das Volumen 30 cm³.

Einfacher lässt sich das Volumen auf folgende Weise berechnen:
Klappe jeweils die Spitzen der „Dächer" um, so erhältst du einen Quader mit der Grundfläche 5 cm · 2 cm und der Höhe 3 cm.
V = 5 cm · 2 cm · 3 cm = 30 cm³.

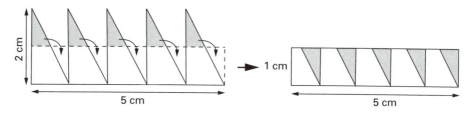

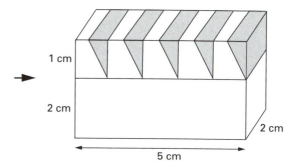

Mathematik-Prüfung 2012

Wahlaufgaben

Aufgabe 1

a) Streifendiagramm:

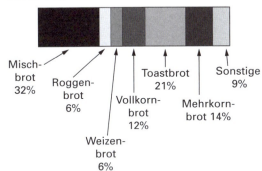

Zeichnung ist im Maßstab 1 : 2 dargestellt

Mischbrot 32%
Roggenbrot 6%
Weizenbrot 6%
Vollkornbrot 12%
Toastbrot 21%
Mehrkornbrot 14%
Sonstige 9%

b) Mögliche Maße: z. B.:   Länge: 8 m, Breite: 20 m
                                Länge: 10 m, Breite: 16 m
                                u. a.

Maßstab 1 : 200 bedeutet, dass 200 cm in der Wirklichkeit 1 cm in der Zeichnung entsprechen.

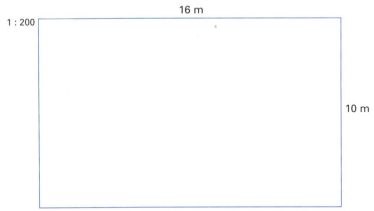

c) Für die gestellte Aufgabe sind in der rechten Tabelle nur die Angaben in der zweiten Zeile wichtig: Der Backverlust bei einem Brötchen, das nach dem Backen 50 g wiegen soll, beträgt zwischen 17 und 20%. Zu berechnen sind demnach 83 bzw. 80% des Gesamtgewichts der Zutaten.

Mathematik-Prüfung 2012

Gesamtgewicht der Zutaten (Rezept für Roggenbrötchen):
```
    6,000 kg
 +  2,000 kg
 +  4,000 kg
 +  0,200 kg
 +  0,200 kg
 +  5,000 kg
   ─────────
   17,400 kg
```

100 % = 17,400 kg

$83\% = \dfrac{17{,}4 \cdot 83}{100}$ kg = 14,442 kg = 14 442 g

100 % ≙ 17,400 kg

$80\% ≙ \dfrac{17{,}4 \cdot 80}{100}$ kg = 13,920 kg = 13 920 g

Anzahl der Brötchen:
14 442 g : 50 g = 288
13 920 g : 50 g = 278

Aus den angegebenen Zutaten können zwischen 278 und 288 Brötchen hergestellt werden.

Aufgabe 2

a) Aus den beiden Preistabellen lassen sich für die Einwohnerzahl 122 000 die Tagespreise 16,50 € für die ganze Säule und 6,00 € für die halbe Säule entnehmen.

Preis für die Werbung:
Ganze Säule: 7 · 4 · 16,50 € = 462 €
Halbe Säule: 5 · 3 · 6,00 € = 90 €
Gesamt: 462 € + 90 € = 552 €

Firma Bühler muss 552 € für ihre Werbung bezahlen.

b) Die Winkelmessung für den Bereich 4 (Internet) ergibt 52°.
(Hinweis: Für die Genauigkeit der Messung wäre es möglich, alle 4 Winkel zu messen, wobei die Summe 360° ergeben muss.)

360° = 3 500 000 €

$52° = \dfrac{3\,500\,000 \cdot 52}{360}$ € = (gerundet) 505 556 €

Berechnung für Winkel von 51° bzw. 53°:

$51° = \dfrac{3\,500\,000 \cdot 51}{360}$ € = (gerundet) 495 833 €

$53° = \dfrac{3\,500\,000 \cdot 53}{360}$ € = (gerundet) 515 278 €

Für die Werbung im Internet gibt die Firma 505 556 € aus.

Mathematik-Prüfung 2012

c) Die Mantelfläche dieser Litfaßsäule ist ein Rechteck mit der Breite 2,50 m und der Länge, die dem Umfang der Säule entspricht.
U = d · π = 90 cm · π = (aufgerundet) 283 cm

283 cm : 40 cm (Breite eines Plakats) ≈ 7

Nebeneinander können 7 Plakate geklebt werden.

250 cm : 60 cm (Länge eines Plakats) ≈ 4

Übereinander können jeweils 4 Plakate geklebt werden, also insgesamt 4 · 7 = 28 Plakate.

Aufgabe 3

a) Der Fehler befindet sich in der Zeile „Katalysator erneuern": statt 107,50 € muss es 17,50 € heißen.

Neuberechnung:

Anzahl	Artikel	Einzelpreis	Gesamtpreis
	Material:		
1	Montagesatz Katalysator	23,90 €	23,90 €
Arbeitszeit:		**Preis pro Stunde (h)**	
4,5 h	Wartungs- und Reparaturarbeiten	35,00 €	157,50 €
0,5 h	Katalysator erneuern	35,00 €	17,50 €
	Summe		198,90 €
	+ MwSt. 19%		37,79 €
	Gesamtbetrag		**236,69 €**

b) Der Durchmesser des Reifens setzt sich zusammen aus dem Felgendurchmesser (381 mm) und der doppelten Reifenhöhe:

Berechnung der Reifenhöhe: 100% ≙ 195 mm

$$65\% \triangleq \frac{195 \cdot 65}{100} \text{ mm} = 126{,}75 \text{ mm}$$

Reifendurchmesser: 126,75 mm + 126,75 mm + 381 mm = 634,5 mm = 63,45 cm

Mathematik-Prüfung 2012

c) Die Höhe der Hebebühne lässt sich mithilfe des Satzes des Pythagoras berechnen.

Hypotenuse (Seite, die dem rechten Winkel gegenüber liegt): 4,20 m
Kathete: 4,60 m – 0,40 m – 0,40 m = 3,80 m

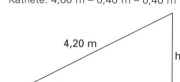

Skizze nicht maßstabsgetreu

Satz des Pythagoras: $b^2 = c^2 - a^2$
$(4,20\ m)^2 - (3,80\ m)^2 = 17,64\ m^2 - 14,44\ m^2 = 3,20\ m^2$
$b = \sqrt{3,2\ m^2}$
  = (aufgerundet) 1,79 m

Die Hebebühne ist 1,79 m hoch.

Aufgabe 4

a)

Würfel 1
1
2
3
4
5
6

Würfel 2					
1	2	3	4	5	6
1	2	3	4	5	6
1	2	3	4	5	6
1	2	3	4	5	6
1	2	3	4	5	6
1	2	3	4	5	6

Summen										
2	3	4	5	6	7					
	3	4	5	6	7	8				
		4	5	6	7	8	9			
			5	6	7	8	9	10		
				6	7	8	9	10	11	
					7	8	9	10	11	12

Da alle 36 Würfe gleich wahrscheinlich sind, besteht für das Ergebnis 7 die größte Wahrscheinlichkeit.

Mathematik-Prüfung 2012

b) Hier ist große Genauigkeit sehr wichtig. (Hinweis: Gegenüberliegende Kugelwege müssen parallel liegen.)

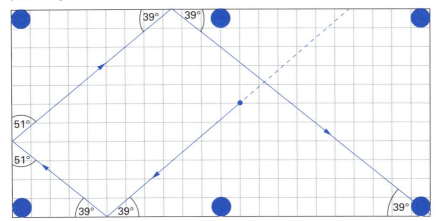

Antwort: Die Kugel trifft in ein Loch.

c) Die gefärbte Fläche lässt sich durch Subtrahieren von zwei Kreisflächen berechnen.

Radius von Kreis 1: $r_1 = 107$ mm $+ \frac{1}{2} \cdot 31{,}8$ mm $= 122{,}9$ mm

Radius von Kreis 2: $r_2 = r_1 - 8$ mm $= 122{,}9$ mm $- 8$ mm $= 114{,}9$ mm

Kreisfläche $A_1 = (122{,}9$ mm$)^2 \cdot \pi = 15\,104{,}41$ mm$^2 \cdot \pi = 47\,451{,}90$ mm^2
Kreisfläche $A_2 = (114{,}9$ mm$)^2 \cdot \pi = 13\,202{,}01$ mm$^2 \cdot \pi = 41\,475{,}34$ mm^2

$A_1 - A_2 = 47\,451{,}90$ mm$^2 - 41\,475{,}34$ mm$^2 = 5976{,}56$ mm^2

Die gefärbte Fläche beträgt 5976,56 mm^2 = (aufgerundet) 59,8 cm^2.

Mathematik-Prüfung 2013

Grundkenntnisse

Aufgabe 1

```
  3978,10          4067,15
+   89,05        − 1777,54
  4067,15        − 2100,00
                    189,61
```

3978,1 − 1777,54 + 89,05 − $\boxed{189,61}$ = 2100

Aufgabe 2

$\boxed{\times}$ 359,2 : 8,98

Aufgabe 3

5 $\boxed{\cdot}$ $1\frac{1}{2} = 3\frac{3}{4}$ $\boxed{+}$ $3\frac{3}{4}$

Aufgabe 4

V = a · b · c
64 Liter = 64 dm^3
4 dm · 2 dm · c = 64 dm^3
            c = 8 dm

Die fehlende Kantenlänge beträgt 8 dm.

Aufgabe 5

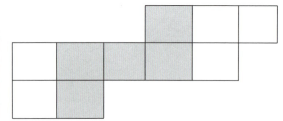

Mathematik-Prüfung 2013

Aufgabe 6

15% ≙ 45 €
100% ≙ x €
 1% ≙ 45 € : 15 = 3 €
100% ≙ 300 €

Die Klasse hat insgesamt 300 € eingenommen.

Aufgabe 7

Es gibt 6 Zahlen auf dem Würfel, jede Zahl ist gleich wahrscheinlich, also $\frac{1}{6}$. Es gibt 2 Zahlen, die kleiner als 3 sind, nämlich 1 und 2.

Die Wahrscheinlichkeit beträgt also $\frac{2}{6}$ oder $\frac{1}{3}$.

Aufgabe 8

$48x - 70 - 20x = 12x + 26$	| zusammenfassen
$28x - 70 = 12x + 26$	| $-12x$
$16x - 70 = 26$	| $+70$
$16x = 96$	| $:16$
$x = 6$	

Aufgabe 9

Fläche des Rechtecks: $A_1 = a \cdot b = 50\text{ m} \cdot 40\text{ m} = 2000\text{ m}^2$
Fläche eines Kreises: $A_2 = r^2 \cdot \pi = (10\text{ m})^2 \cdot \pi = 100\text{ m}^2 \cdot 3{,}14 = 314\text{ m}^2$
Restfläche: $A_1 - 2 \cdot A_2 = 2000\text{ m}^2 - 628\text{ m}^2 = 1372\text{ m}^2$

Die Restfläche beträgt 1372 m².

Mathematik-Prüfung 2013

Aufgabe 10

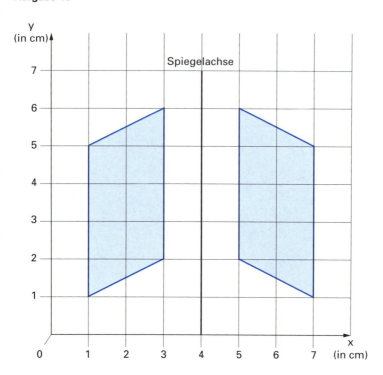

Wahlaufgaben

Aufgabe 1

a) Die Gesamtstrecke der Runde beträgt:
4,0 km + 1,5 km + 3,5 km + 1,0 km = 10 km

12 km = 60 min

10 km = $\frac{60 \cdot 10}{12}$ = 50 min

Für die ganze Runde benötigt er 50 Minuten.

Mathematik-Prüfung 2013

b) Lucas: 65,00 €
Alina: 58,50 €
Leonie: <u>144,00 €</u> (Sie trainiert mehr als 1-mal in der Woche, also verdoppelt sich der Jahresbeitrag.)
267,50 €

Da mehr als zwei Familienmitglieder im Sportverein sind, braucht Familie Reiner nur 90% des Beitrags zu bezahlen.

90% von 267,50 sind $\frac{90 \cdot 267{,}50\ €}{100}$ = 240,75 €

Familie Reiner muss im Jahr also insgesamt 240,75 € bezahlen.

c) Volumen des Eimers:
$V = r^2 \pi \cdot h$
$= (9\ cm)^2 \pi \cdot 35\ cm$
$= 8906\ cm^3$

Volumen des quaderförmigen Gefäßes:
$V = l \cdot b \cdot h$
$= 9\ cm \cdot 8\ cm \cdot 11\ cm$
$= 792\ cm^3$

Nach 15 Runden war der Eimer voll.
$792\ cm^3 \cdot 15 = 11\ 880\ cm^3$

$11\ 880\ cm^3 - 8906\ cm^3 = 2974\ cm^3 \approx 3\ l$

Beim Transport gingen ungefähr 3 Liter Wasser verloren.

Aufgabe 2

a) Anzahl der Säcke: 25 (ist aus der Zeichnung ersichtlich: 4 + 5 + 6 + 5 + 2 + 3)
$25 \cdot 50\ l = 1250\ l$

In allen Säcken zusammen sind 1250 Liter Pflanzerde enthalten.

b) Länge der Umrandung:
$2 \cdot 900\ cm$ (eine Längsseite: 1200 cm – 300 cm) $+ 300\ cm$ (Eingangsseite 600 cm – 300 cm) $+ 300\ cm \cdot \pi$ (halber Kreisumfang: $r \cdot \pi$) $= 1800\ cm + 300\ cm + 942\ cm = 3042\ cm$
$3042\ cm : 35\ cm \approx 87$

Die Anzahl der Sträucher reicht aus.

c) Volumen des Grabens:

$V = \frac{1{,}5\ m + 1\ m}{2} \cdot 1{,}2\ m \cdot 6\ m = 9\ m^3$

Gewicht der Erde:
$G = 9 \cdot 1{,}8\ t = 16{,}2\ t$
$16{,}2\ t : 2{,}5\ t = 6{,}48 \approx 7$

Der LKW muss mindestens 7-mal fahren.

Mathematik-Prüfung 2013

Aufgabe 3

a) Da es 25 Personen sind, braucht die Klasse 5 Gruppenkarten: 5 · 13 € =   65 €
Kosten für die Schifffahrt: 170 €
Museumseintritt: 2 Zehnerkarten und 5 Einzelkarten: 50 € + 15 € =   65 €
                                                                                                 300 €

300 € : 25 = 12 €

Die Kosten für eine Person betragen 12 €.

b) Die Gesamtzeit des Ausflugs von 07.45 bis 19.00 beträgt 11 Stunden und 15 Minuten oder 675 Minuten.

Die erste Schifffahrt dauert 50 Minuten, die zweite 70 Minuten, die dritte 110 Minuten, die Gesamtzeit der Schifffahrt beträgt 230 Minuten.

675 Minuten ≙ 100%

230 Minuten ≙ $\frac{100 \cdot 230}{675}$ ≈ 34%

Maries Vermutung stimmt nicht, sie haben mehr als 30% der Ausflugszeit auf dem Schiff verbracht.

Eine weitere Rechenmöglichkeit:
100% ≙ 675 min

30% ≙ $\frac{675 \cdot 30}{100}$ min = 202,5 min < 230 min

c) Die Messungen der drei Verbindungsstrecken Winterstein – Sommersdorf, Sommersdorf – Ottmarsdorf und Ottmarsdorf – Winterstein auf der Zeichnung ergeben die Maße 8 cm, 5,3 cm und 6 cm.

8 cm ≙ 4,5 km

6 cm ≙ $\frac{4,5 \cdot 6}{8}$ km = 3,4 km

oder

5,3 cm ≙ 3 cm

6 cm ≙ $\frac{3 \cdot 6}{5,3}$ km = 3,4 km

4,5 km + 3 km + 3,4 km = 10,9 km

Sie sind insgesamt 10,9 km gefahren.

Aufgabe 4

a)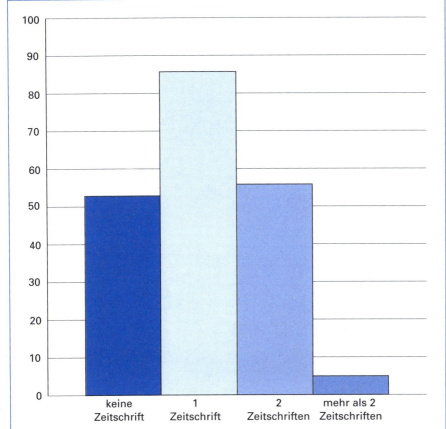

b) Der Stoffzuschnitt besteht aus 1 Rechteck und 2 Trapezen.

Fläche des Rechtecks:
$A = 45 \text{ cm} \cdot (25 \text{ cm} + 4 \text{ cm} + 25 \text{ cm}) = 45 \text{ cm} \cdot 54 \text{ cm} = 2430 \text{ cm}^2$

Fläche der beiden Trapeze zusammen:
$A = 2 \cdot \frac{22 + 4}{2} \text{ cm} \cdot 23{,}5 \text{ cm} = 611 \text{ cm}^2$

$2430 \text{ cm}^2 + 611 \text{ cm}^2 = 3041 \text{ cm}^2$

Der Flächeninhalt des Stoffzuschnitts beträgt 3041 cm².

Mathematik-Prüfung 2013

c) Zuerst ist der Umsatz aller Zeitschriften zu berechnen:
100% ≙ 14 200 €

11% ≙ $\frac{14\,200 \cdot 11}{100}$ € = 1562 €

Auf die Sportzeitschriften entfallen 28% des Umsatzes aller Zeitschriften:
100% ≙ 1562 €

28% ≙ $\frac{1562 \cdot 28}{100}$ € = 437,36 €

Auf die Sportzeitschriften entfallen 437,36 € Umsatz.

Mathematik-Prüfungen: Quickies

Ergebnisse auf einen Blick
Hier findest du schnell die richtigen Lösungen für die von dir bearbeiteten Aufgaben. Es sind nur die Endergebnisse ohne Lösungswege angegeben. Die ausführlichen Lösungswege sind auf den vorangegangenen Seiten dargestellt.

Lösungen 2009

Grundkenntnisse – Seite 67
1. 57,400
2. Diagramm C
3. siehe ausführliche Lösungen
4. C
5. 54
6. B
7. 30%
8. 30°
9. $x = 2{,}4$
10. siehe ausführliche Lösungen

Wahlaufgaben – Seite 70
1. a) $\frac{1}{80}$ b) $5\frac{1}{2}$ min c) 16 m
2. a) 72 Personen   b) ca. 28%
   c) 2300 Blätter
3. a) 63 Kinder
   b) Seitenlängen zwischen 5 m und 10 m
   c) $d = 52{,}71$ m
4. a) siehe ausführliche Lösungen
   b) 0,42 €   c) 75 440 km

Lösungen 2010

Grundkenntnisse – Seite 73
1. 251,69 €
2. 3
3. $1{,}67 \cdot 10^{10} < 4 \cdot 10^{10} < 35 \cdot 10^{10} < 100 \cdot 10^{10}$
4. siehe ausführliche Lösungen
5. $x = 3$
6. Netz Nr. 3
7. 66 Flächen
8. Der Rock wurde reduziert.
9. Kreisdiagramm 4
10. $V_1 + V_2 = 106{,}28$ cm³

Wahlaufgaben – Seite 75
1. a) zwischen 1,40 und 1,50 Dollar
      zwischen 167 und 179 €
   b) 179 520 kg
   c) 1 ct; 10 ct; 26,5 mm
2. a) siehe ausführliche Lösungen
   b) 30-mal
   c) siehe ausführliche Lösungen
3. a) 250 m, Anstieg 300 m, Abfahrt 200 m
   b) 96 Frauen
   c) siehe ausführliche Lösungen
4. a) $54 \frac{\text{km}}{\text{h}}$ b) Fröbelschule: 5 Punkte
                                           Schillerschule: 3. Platz
   c) 847 m

Lösungen 2011

Grundkenntnisse – Seite 78
1. 29,3 · 4,85; 2,93 · 48,5
2. -78
3. siehe ausführliche Lösungen
4. siehe ausführliche Lösungen
5. 21, 18, 24, 21 Kanten
   Körper Nr. 3 hat die meisten Kanten
6. 16 bis 18 cm²
7. siehe ausführliche Lösungen
8. 15%
9. x = -2
10. siehe ausführliche Lösungen

Wahlaufgaben – Seite 80
1. a) 133 Schüler; die Aussage stimmt nicht.
   b) 3 402 345 cm³, 3 cm³, 1 134 115 Streifen
   c) 40 125 km, ca. 45 Stunden
2. a) 60 m   b) Windstärke 10   c) 189 m
3. a) 400 g
   b) 1 195,95 €, 1 190,95 €, 1 130 €
   Unterschied 65,95 €
   c) 1200 Blätter; 34,64; 1156 Blätter
4. a) 350 Millionen Sekunden; 31,7 Jahre
   Tims Behauptung ist falsch.
   b) 36°   c) siehe ausführliche Lösungen

Lösungen 2012

Grundkenntnisse – Seite 84
1. 538/164
2. 4000
3. siehe ausführliche Lösungen
4. Die Aussage stimmt nicht, siehe ausführliche Lösungen
5. Zu $\frac{1}{3}$ passt die Darstellung D.
   Zu 55% passt die Darstellung A.
6. 15
7. x = 4
8. 8
9. Sie muss 6-mal gefüllt werden.
10. 30 cm³

Wahlaufgaben – Seite 87
1. a) siehe ausführliche Lösungen
   b) Länge: 10 m, Breite: 16 m
   c) zwischen 278 und 288 Brötchen
2. a) 552 €   b) 505 556 €   c) 28 Plakate
3. a) 236,69 €
   b) 63,45 cm
   c) 1,79 m
4. a) Für das Ergebnis 7 besteht die größte Wahrscheinlichkeit
   b) Die Kugel trifft in ein Loch
   c) 5976,56 mm²

Lösungen 2013

Grundkenntnisse – Seite 92
1. 189,61
2. 359,2 : 8,98
3. $5 \cdot 1\frac{1}{2} = 3\frac{3}{4} + 3\frac{3}{4}$
4. c = 8 dm
5. siehe ausführliche Lösungen
6. 300 €
7. $\frac{1}{3}$
8. x = 6
9. 1372 m²
10. siehe ausführliche Lösungen

Wahlaufgaben – Seite 94
1. a) 50 Minuten
   b) 240,75 €
   c) ungefähr 3 Liter
2. a) 1250 Liter Pflanzerde
   b) Die Anzahl der Sträucher reicht aus.
   c) mindestens 7-mal
3. a) 12 €
   b) Die Vermutung stimmt nicht
   c) 10,9 km
4. a) siehe ausführliche Lösungen
   b) 3041 cm²
   c) 437,36 €

Notizen

Notizen

Englisch-Training

Hör- und Hör-/Sehverstehen

1. Conversations

No.	A	B	C
1	x		
2	x		
3			x
4		x	
5		x	

2. Pilot's announcement

No.		
1	flight number:	468
2	flight time:	2 hours 30 minutes
3	local time in London:	11 am
4	current weather:	sunny
5	arrival at gate:	7

3. Tick right or wrong.

a) wrong   b) right   c) wrong   d) right   e) wrong

4. Tick A, B or C.

1	2	3	4	5	6
A	B	A	C	A	C

Leseverstehen

1. Where can you see these notices?

1. A   **2.** C   **3.** A   **4.** A

2. What do the signs say?

1. B   **2.** A   **3.** D   **4.** C

3. Fill in the letter of the correct form.

1	2	3	4	5	6	7
B	C	A	A	B	B	C

4. Fill in the letter of the correct word.

1	2	3	4	5	6	7
A	B	C	B	A	C	A

5. Which statements are correct?

1	2	3	4	5	6
C	C	A	B	A	C

Englisch-Training

6. Mark the correct statements.

1	2	3	4	5
B	C	A	B	A

7. True, false or not in the text

	true	false	not in the text
a)	x		
b)		x	
c)	x		
d)	x		
e)		x	
f)			x
g)	x		
h)			x

8. True, false or not in the text

	true	false	not in the text
a)			x
b)		x	
c)	x		
d)	x		
e)			x
f)		x	
g)	x		

Schreiben

1. Complete the note.
   a) green bag; "P&A" logo on both sides
   b) sunglasses in case; baseball cap "49ers"; blue towel; deodorant; sneakers; T-shirt
   c) entrance hall / changing room / showers
   d) Friday, August 12, 2012
   e) Jennifer Danzer, please call 01273-314449 any time after 6 pm

2. Complete the letters.
   ① have   ② am   ③ How   ④ when   ⑤ would
   ⑥ Thank   ⑦ are   ⑧ go   ⑨ these/those   ⑩ call

3. Write an e-mail.

Dear dazi56

When I opened the packet containing the CD, item number 270 345 668 230 I bought from you on 18th May, I discovered that the CD is an illegal copy. That was really a shock for me as I don't want to do anything illegal. I will send the CD back to you immediately.
Please transfer the money to my bank account in return for it.

Yours
Andy

4. Write an e-mail.

Dear Tracy

My name is Daniel and I'm from Germany. I want to inform you that I found a purse on the way to my hotel. I opened it and found your name and your e-mail address in it. Since I have to be sure it's yours, please answer some questions: where might you have lost it? Tell me what it is made of, what colour it has and how much money was in it. If it's yours we could meet here in my hotel or somewhere downtown.

Yours sincerely
Daniel Kuchut

5. Complete the conversation.
a) So David, how do you like the school and your teachers?
b) That's nice. And how do you like your schoolmates?
c) Good. Have you got lots of homework?
d) Well, then what will you do this afternoon?

6. Complete the conversation.
a) Can I help you? / What can I do for you?
b) What's your name?
c) Can you tell me what's inside the purse?
d) Yes, that's you. Here's your wallet back.

7. Fill in the form.
a) reasonable prices, not too expensive
b) very friendly, never late, never cut lessons short
c) arrangement made easy, pick up from home
d) over 1000 questions answered before test, excellent practice
e) videos for use at home, great cars to choose from

8. Write a story.

It was the first time that I went to a live show. There were so many people and everybody was in a great mood. Before Robbie Williams came on stage there were huge fireworks and then suddenly with a loud bang he came on stage. The crowd shouted, yelled and screamed and when he started with the song "Let me entertain you" they all went wild. It was two hours of pure fun. I think I'll never forget that evening.

Englisch-Prüfung 2009

Hör- und Hör-/Sehverstehen

Part 1

No.	A	B	C
1		x	
2	x		
3		x	
4			x
5			x

Part 2

No.	
6	BA 2741
7	5.37 pm
8	880
9	Amsterdam
10	29

Part 3

No.	A	B	C
11	x		
12			x
13		x	
14		x	
15	x		

Part 4

No.	right	wrong
16	x	
17	x	
18		x
19	x	
20		x

Part 5

No.	Letter
21	D
22	G
23	A
24	C
25	F

Leseverstehen

Part 1

No.	A	B	C
1			x
2	x		
3		x	
4			x
5	x		
6			x

Part 2

No.	A	B	C	D
7			x	
8		x		
9	x			
10				x

Part 3

No.	A	B	C	D
11	x			
12			x	
13				x
14	x			
15		x		
16				x

Englisch-Prüfung 2009

Part 4

No.	A	B	C
17		x	
18			x
19			x
20		x	
21		x	

Part 5

No.	true	false	not in the text
22			x
23		x	
24	x		
25		x	

Schreiben

Part 1

❶ Read ❷ for ❸ is ❹ worked ❺ are
❻ in ❼ work ❽ be ❾ send ❿ about

Part 2

Interview

1. Where and when are you born?
2. Do you have any siblings?
3. What do your parents work?
4. Are you practicing any kind of sports?
5. Which kind of music do you listen to?
6. Do you play an instrument?
7. Why did you become a DJ?

Part 3

E-mail

Dear Gery

I've seen your notice on the youth club board and I have inline-skates which I want to sell. They are size 6 ½, green with yellow stripes on the sides, three years old – but I only used them twice. They are in very good shape and I would like to have £40 for them. I'm in the youth club every Monday, so I can take them with me the next time to let you have a look at them.

Yours
Mike

Englisch-Prüfung 2010

Hör- und Hör-/Sehverstehen

Part 1

No.	A	B	C
1		x	
2			x
3	x		
4		x	
5	x		

Part 2

No.	Outing to a castle
6	47
7	11.30
8	castle shop
9	30 meters
10	next Tuesday

Part 3

No.	A	B	C
11	x		
12		x	
13	x		
14		x	
15		x	

Part 4

No.	true	false
16		x
17	x	
18		x
19	x	
20	x	

Part 5

No.	Letter
21	E
22	G
23	B
24	C
25	F

Leseverstehen

Part 1

No.	A	B	C
1	x		
2			x
3	x		
4		x	
5		x	
6			x

Part 2

No.	Letter
7	B
8	D
9	A
10	D

Part 3

No.	true	false	not in the text
11	x		
12			x
13		x	
14	x		
15		x	

Part 4

No.	Letter
16	D
17	A
18	B
19	A
20	C

Part 5

No.	A	B	C
21			x
22	x		
23		x	
24			x
25	x		

Schreiben

Part 1

22 Bell Street
St. Andrews

7th April 2010

Dear Mr James

Thank you for helping **me** with my English. I always enjoyed your classes. I've had such a great time here **in** St. Andrews. I went **to** Edinburgh with a couple of friends last weekend. We walked up to the castle where we had a splendig view over **the** city. After that we **went** shopping and I bought myself a kilt! Saturday evening the 'Kaiser Chiefs' were playing at the 'Corn Exchange'. We **were** so lucky to get tickets. The concert was terrific and we **had** a lot of fun. Sadly I've got to **go** back to Germany next week **because** school is starting again.
It would **be** nice to keep in touch.

Best wishes
Thomas

Part 2

No.	Post – a – Rose: Flower Order Form
1	Mrs Agatha Barton The Old Rectory Nursing Home, 5 Rectory Lane, Chester CH 1
2	Kim and Mary White
3	Date of delivery: 14th May 2010
4	a bouquet of red roses, £40 (delivery included)
5	Dear Mrs Barton We wish you all the best for your 80th birthday. Lots of love, Mary and Kim

Englisch-Prüfung 2010

Part 3

The Sherwood Forrest Trust
Ms Lara Baker
9 Donut Road
Nottingham
England

15th May 2010

Dear Ms Baker

I read your advertisement about the outdoor summer youth camp and I would love to take part in the adventure.

As I enjoy hiking and camping very much this would be an ideal summer holiday for me. My hobbies are cycling and climbing and I try to spend every free minute outside. I also think this would be a perfect opportunity to meet new people and make some friends.

I am looking forward to hearing from you soon.

Yours sincerely
Mike

Englisch-Prüfung 2011

Hör- und Hör-/Sehverstehen

Part 1

No.	A	B	C
1		x	
2		x	
3			x
4		x	
5			x

Part 2

No.	Outing to a castle
6	good / fair
7	171
8	green / blue
9	olive oil
10	90

Part 3

No.	A	B	C
11	x		
12	x		
13			x
14	x		
15		x	

Part 4

No.	true	false
16		x
17	x	
18	x	
19		x
20		x

Part 5

No.	Letter
21	B
22	G
23	C
24	E
25	D

Leseverstehen

Part 1

No.	A	B	C
1	x		
2			x
3			x
4			x
5	x		
6	x		

Part 2

No.	Letter
7	C
8	B
9	D
10	C

Part 3

No.	true	false	not in the text
11	x		
12			x
13		x	
14		x	
15			x

Englisch-Prüfung 2011

Part 4

No.	Letter
16	B
17	C
18	C
19	D
20	A

Part 5

No.	A	B	C
21	x		
22		x	
23		x	
24	x		
25			x

Schreiben

Part 1

1. answer
2. for
3. have
4. see/find
5. in/at
6. size
7. is/costs
8. know
9. your
10. from

Part 2

Interview
1. What do you do for a living? / What's your job?
2. Where is it?
3. When are you open?
4. How many people work for you?
5. Is it very busy?
6. What sort of fish do you sell?
7. How much does a large portion of fish and chips cost?

Part 3

To: SarahD@funpark.co.uk
From: CathyM@yahoo.com
Subject: Easter event job

Dear Mrs Donaldson

Today I read your job advertisement and since I'm interested I would like to ask some more questions. What would the working hours be? Where would we work and how much would we receive as payment?
I already have working experience at a fair where I had to wear a clowns-costume and entertain children.
I'm looking forward to hearing from you. You can reach me via e-mail (see above) or you can reach me on my cell 0044-121-12345678.

Kind regards
Cathy Meyers

Englisch-Prüfung 2012

Hör- und Hör-/Sehverstehen

I. Listening Comprehension

Part 1

No.	A	B	C
1		x	
2			x
3	x		
4			x
5		x	

Part 2

No.	
6	2.15
7	local/national
8	Paul Smith
9	(classic) rock
10	'The Clock'

Part 3

No.	A	B	C
11			x
12			x
13		x	
14	x		
15			x

Part 4

No.	true	false
16		x
17		x
18	x	
19		x
20	x	

Part 5

No.	Letter
21	E
22	C
23	H
24	F
25	A

Leseverstehen

II. Reading Comprehension

Part 1

No.	A	B	C
1		x	
2			x
3	x		
4			x
5	x		
6		x	

Part 2

No.	A	B	C	D
7			x	
8		x		
9				x
10	x			

Part 3

No.	true	false	not in the text
11	x		
12	x		
13	x		
14		x	
15	x		
16			x
17		x	
18			x

Englisch-Prüfung 2012

Part 4

No.	A	B	C	D
19		x		
20	x			
21				x
22		x		
23			x	
24		x		

Part 5

No.	A	B	C
11	x		
12		x	
13	x		
14		x	
15			x

Schreiben

III. Writing

Part 1

sending/delivering – ordered/wanted/need – big/large – with/about – hard/stiff – send/return/give – refund/give back – as – by/before/for – contact/call/tell/write

Part 2

Text parts for presentation

Good morning everybody, today I want to introduce you to my favourite star of all times: Justin Bieber. He not only has an outstanding voice but he is also very good looking and very nice.

Facts and highlights in his career:
- in 2007 he made 2nd place in a local singing talent show
- in 2008 he met Usher who he signed a management contract with
- in 2009 his debut single was released
- in 2010 he released his debut album and started his world tour
- until today he starred in a movie and several TV-shows, released another album and is currently working on his third

The way he looks/dresses:
he is not very tall but he always wears the latest trends and millions of kids copy his style and hair

My favourite star:
Justin Bieber

Additional information:
- born in London/Ontario
- 18 years old
- Canadian

What do you like best:
- his music is very cool and he has a beautiful singing voice
- he is always nice to the fans and makes time for them at autograph sessions
- I love his clothes and hairstyle

Part 3
Letter of application

Mrs Zoe Bricks
CITY GARDENS
101 Park Lane
Dublin

15.7.2012

Dear Mrs Bricks

I read your advert for the job of a gardener with great interest. I am 16 years old and will finish school in another month. For the time after I would very much like to find a job abroad so that I can further improve my English skills. Since I was a small kid I always helped my parents in our garden and I enjoy doing it and working outside a great deal. As I do a lot of sports in my free-time I am physically fit as well.
I would like it very much, if you would give me the chance to introduce myself further in a interview and I look forward to hearing from you.

Yours sincerely
Anett Bader

Englisch-Prüfung 2013

Hör- und Hör-/Sehverstehen

I. Listening Comprehension

Part 1

No.	A	B	C
1		x	
2		x	
3		x	
4	x		
5		x	

Part 2

No.	
6	September, 14, 1983
7	jazz music
8	'Frank'
9	$2 million
10	alcohol poisoning

Part 3

No.	A	B	C
11		x	
12			x
13	x		
14			x
15			x

Part 4

No.	true	false
16		x
17		x
18		x
19	x	
20	x	

Part 5

No.	Letter
21	B
22	F
23	C
24	D
25	A

Leseverstehen

II. Reading Comprehension

Part 1

No.	A	B	C
1			x
2	x		
3			x
4			x
5			x
6		x	

Part 2

No.	A	B	C	D
7				x
8			x	
9	x			
10		x		

Part 3

No.	true	false	not in the text
11	x		
12			x
13			x
14	x		
15		x	

Part 4

No.	A	B	C	D
16	x			
17			x	
18	x			
19			x	
20				x

Part 5

No.	A	B	C
21	x		
22			x
23			x
24		x	
25	x		

Schreiben

III. Writing

Part 1

inform/tell – from – to – amount/fee – activities – contact/call – cancel/withdraw – information/details – us/me – seeing

Part 2 – Dialogue

1. "Hello. May I help you?"
2. "When have you lost it?"
3. "Where do you think, you have lost it?"
4. "What does your wallet look like?"
5. "Is there anything inside of it?"
6. "Wait a second – Is this your wallet?"
7. "Could you please sign this form to confirm you got your wallet back?"

Part 3 – E-Mail

From: miley.do@silver.com
To: Janet@ti-sportsandclothes.com
Subject: What to do with $30,000

Dear Janet

My name is Miley and I'm 15 years old. I'm a ninth grade student and going to finish school in summer with the "Hauptschulabschluss". In my free time I love doing sports, especially basketball. When buying new shoes for training I saw your flyer in the sports shop. I was immediately amazed by the idea and decided to take part.
One part of the money I would give to my parents so they can join a wildlife safari in Africa. This would be my 'thank you' to them for enduring my quirks during the years. The second part I would spend for a world-around-sailing-turn. Since I was young it's my dream to discover the world by boat. Pass through storms and waves, but enjoy wonderful sunrises and blue sky, as well.
And last but not least the rest of the money I would use for my future, because then you are freer to decide what you want to do.
Looking forward to hearing from you, hopefully I could convince you of my ideas.

Sincerely
Miley

Notizen